edition suhrkamp 2707

Alles beginnt mit einem ebenso allgegenwärtigen wie zumeist überhörten Stöhnen: Die Mitarbeiter in der »mittleren Ebene« des IT-Konzerns McWorthy leiden still unter den Zumutungen ihres Jobs. Nie können sie sicher sein, wo sie sich befinden und wohin sie unterwegs sind (oder sein sollten). Letztes Mittel der Selbstbewahrung: die Flucht ins Irrationale. Das Upgrade in die First Class wird zum Lebenszweck; die Opferung eines USB-Sticks zum Karriere-Boost, der eigene Unfalltod im geliebten Cabrio zum irgendwie erleichternden Wunschtraum.

Mit allen möglichen Einbildungen und Fiktionen versuchen die Figuren dieser Erzählungen, sich das Arbeitsleben erträglich zu machen, oder überwinden sich zu neuen Verbiegungen und Unterwerfungen. Unausgesprochen steht hinter allem die Frage: Warum haltet ihr das alles aus?

Frank Jakubzik, 1965 in Kassel geboren, übersetzte unter anderem Colin Crouch, Zygmunt Bauman, Gilbert Keith Chesterton und David Foster Wallace. *In der mittleren Ebene* ist sein Erzähldebüt im Suhrkamp Verlag.

Foto: © Marianne Schneider, Mainz

Frank Jakubzik

In der mittleren Ebene

Erzählungen aus den kapitalistischen Jahren

Suhrkamp

edition suhrkamp 2707
Erste Auflage 2016
Originalausgabe
© Suhrkamp Verlag Berlin 2016
Alle Rechte vorbehalten, insbesondere das der Übersetzung,
des öffentlichen Vortrags sowie der Übertragung
durch Rundfunk und Fernsehen, auch einzelner Teile.
Kein Teil des Werkes darf in irgendeiner Form
(durch Fotografie, Mikrofilm oder andere Verfahren)
ohne schriftliche Genehmigung des Verlages reproduziert
oder unter Verwendung elektronischer Systeme
verarbeitet, vervielfältigt oder verbreitet werden.
Druck: Druckhaus Nomos, Sinzheim
Umschlag gestaltet nach einem Konzept
von Willy Fleckhaus: Rolf Staudt
Printed in Germany
ISBN 978-3-518-12707-0

Führung 9
In Feindesland 19
Epitaph für Hans-Günter Kremers 29
Oben 43
Tanzbär 53
Typologie 61
Aus dem internationalen Luftverkehr 73
Regen 81
Das fliederfarbene Cabriolet 87
Statement 95
Die Brücke im Wald 105
Schrumpfende Margen 121
Wie Wasser 127
Lili 135
Abenteuer in Südamerika 143
Ein Schwächeanfall 151
Großvater erzählt vom Krieg: Jakob und Elvira
in der globalen Welt 157

Führung

Damals stellte ich mir Kessler immer in einer Landschaft vor, wie man sie von Wandkalendern kennt, die in Hinterräumen von Tankstellen über in Zetteln zerfließenden Schreibtischen hängen. Prachtvoll blühende Sommerfelder, kobaltblauer Himmel. Der goldene Weizen mannshoch! Im Vordergrund eine frisch asphaltierte Landstraße, auf der ein sportlicher Wagen unaufhaltsam in nie berührte Fernen schießt. Kessler, das Steuer fest in der Hand, die Landschaft kaum beachtend, reibt sich mit dem Zeigefinger die Nasenspitze und denkt natürlich über Schiffner-Sender nach.

Der neue Deutschlandchef war hochgewachsen, schlank und schlaksig, und hatte mit Ende dreißig immer noch mehr von einem Jungen als von einem Mann. Seine Dynamik und sein Selbstvertrauen hatten ihn hochgebracht; er hatte eine Art, den Kopf merkwürdig raubvogelhaft seitlich vorzustrecken und einen mit schiefgehaltenem Gesicht anzusehen, daß einem – ganz gleich, ob er gerade redete oder zuhörte – irgendwie blümerant wurde (und sei es, daß man fürchtete, über seine schlaksige Ungelenkheit lachen zu müssen, was Schiffner-Senders Position keineswegs angemessen und daher kaum ratsam gewesen wäre). Seine Augen blitzten hell, aber auch immer irgendwie verwundert, hinter den Brillengläsern. Er *verkörperte* geradezu so etwas wie die Leidenschaft für Genauigkeit, und das mußte ihren Vorgesetzten gefallen haben – zumal kein übertriebenes Interesse an tatsächlicher Genauigkeit dahinterstand, sondern nur deren Gestik aufschien. Das sah zugleich versponnen und überzeugend aus – so einen Mann konnten sie gut brauchen!

Wie Kessler selbst war auch Schiffner-Sender ursprünglich Ingenieur gewesen und hatte es vermutlich immer sein wollen, seit er denken und mit Fischertechnik spielen konnte. Aber das Ingenieursein hatte sich als etwas vollkommen anderes herausgestellt, als sie zuvor geglaubt hatten. Fachfremde Aufgaben noch und noch – sie hatten sich als für höhere Zwecke geeignet erwiesen, wie es schien, und es lag nicht in ihrer beider Natur, solchen Rufen zu widerstehen. Im Gegenteil, die Neugierde packte sie wie bei der Erkundung des Funktionierens irgendeiner anderen Maschine, die auf optimalere Werte zu trimmen war. Sie spitzten die Ohren, machten die Augen auf und fanden sich kaum fünf Jahre und ein paar Querversetzungen später im gehobenen Management wieder, wo sie mit anderen halblaut die Köpfe über die Verbohrtheit der Altvorderen schüttelten (ohne es je an Respekt fehlen zu lassen).

Dann war Schiffner-Sender urplötzlich an die Spitze gerückt worden und hatte gleich die Vertriebsmannschaft ganz neu aufgestellt, alte Gebietsschutz-Pfründe hinweggefegt mit nüchterner Rechnerei, und den Saleslemmingen Beine gemacht mit einer Quotierung, die selbst Halbgötter im Vizepräsidentenrang (Murphy zum Beispiel) die Augenbrauen heben ließ.

Jahrelang war, wie die von Schiffner-Sender veranlaßten Erhebungen gezeigt hatten, die Softwaresparte mit gerade mal fünfhundert Kunden ausgekommen, fünfhundert alteingesessenen (zugegeben oft größeren) Kunden bei einer annähernd gleichgroßen Anzahl von Vertriebsmitarbeitern. Wirklich peinlich, mußte man sagen – ein Account pro

Salesmann. Selbst wenn es ein größerer war – Mannomann! Man lebte von alter Substanz, alter Größe – während jüngere, schlankere Mitbewerber links und rechts vorbeizogen, indem sie billigere und leichter vermittelbare Lösungen vertickten (und das Geld mit deren nachträglicher Justierung verdienten).

Am Produktportfolio hatte Schiffner-Sender nichts ändern können, das folgte weltweiten Vorgaben. Aber er hatte den Vertrieb in Coldcall-Aktionen gejagt mit einer knallharten Darstellung der Fakten, die allemal wirksamer war als der Wir-sind-aus-Tradition-die-Größten-Quatsch von anno dunnemals. All die arrivierten Vertriebler in ihren schmucken Pullundern und gepflegten Sakkos hatten wochenlang über Kaltakquisen schwitzen dürfen, und die Marketingleute, an deren Spitze Schiffner-Sender Kessler berufen hatte, wurden endlich auf den Mittelstand losgelassen, den sie mit bunteren und zupackenderen Kampagnen befeuern durften.

Seit sie die vornehme Zurückhaltung abgelegt hatten, war die Kundenzahl immerhin auf sechshundertfünfzig gestiegen, viel Kleinzeug darunter, aber das machte ja bekanntlich auch Mist. Es ging schlicht um Marktdurchdringung, um *Präsenz*. Geld wurde verdient mit Leuten, die sich einmal auf McWorthy-Middleware einließen, hard- und softwareseitig, die sie einmal installierten und jahrelang, jahrzehntelang Kunden waren. Und seine Mittelständler wuchsen ja womöglich, und dann würde man bei denen mehr als nur einen Fuß in der Tür haben und auch mit ihnen richtiges Geld verdienen können.

Wir sind jetzt am Zug, denkt oder jedenfalls empfindet Kessler, legt zur Bekräftigung auch die zweite Hand ans Lenkrad und drückt beide Arme durch. Die goldenen Felder ziehen ungerührt vorbei, schimmern in der Sonne, worin auch, so scheint ihm, eine gar nicht geringe Portion Respekt ihm gegenüber liegt.

Darüber: Himmel, blau wie auf Postkarten, ab und an ein Wölkchen. McWorthy-Land, wenigstens früher mal, in den Sechzigern, als die Firma unangreifbar gewesen war. Und das sollte sie jetzt wieder werden. Und diesmal war er dabei, und zwar vorne dabei, bei einem neuen Aufbruch, der einiges verhieß, auch wenn zugleich an allen Ecken und Enden gespart werden mußte und er den Agenturen Daumenschrauben anlegte, damit sie ihre euphorischen Ideen in seine immer knapperen Budgets einzirkelten. Irgend jemand mußte am Ende immer zahlen; und er wollte es jedenfalls nicht sein. Im Gegenteil: für ihn sollte es noch ein bißchen aufwärts gehen, und da war Schiffner-Sender günstig, wenn auch keiner, an den man sich bedingungslos dranhängen sollte.

Er sieht kurz auf die Armbanduhr, Viertel vor eins, naja, vielleicht Zeit, einen Happen zu essen. Das Radio schaltet sich für eine Stauwarnung ein. Anschließend wird eine Telefonnummer durchgesagt, unter der man sich ein klassisches Musikstück wünschen kann.

Plötzlich verspürt er den Wunsch, anzurufen und *Sacre du printemps* zu verlangen. Das Stück jagt ihm immer einen Schauer den Rücken hinunter, seit er es letztes Jahr mit Idil in Prag gesehen hat. Aber dann fällt ihm ein, daß er im Handschuhfach eine CD davon hat und es jederzeit selbst abspielen kann. Draußen huscht ein Hase in ein Feld. Oder etwas, das wie ein Hase aussieht. Braunes, wuschiges Fellknäuel. Er schaltet das Radio aus. Ach, Idil!

Wenn er seinen Mann in die New Yorker Büros bekam, würde er demnächst das Gras wachsen hören und die Zukunft aus dem Kaffeesatz der Cappuccinotasse lesen, die er zu jedem Telefonat mit Übersee hinzuziehen würde. Er würde zu nachtschlafender Zeit im Homeoffice sitzen, während der Lichtschein der Straßenlaterne tief in ihren Garten drang und Juttas Zierkirschen in die Skyline Manhattans verwandelte.

Er war da durchaus optimistisch – aber es war alles ungewiß. Bei denen da drüben wußte man nie ... Da für die Amis geschäftlicher Erfolg Ausweis des richtigen, gottgefälligen Lebens war (wie Burton ihn vor einem Vierteljahr in Las Vegas in diese billige, neonleuchtende *Kapelle* gezogen hatte, um ihm wie im Beichtstuhl eine neue unfehlbare Medienstrategie einzuschärfen), bekam man bei dessen Ausbleiben ungebremst die sieben Todsünden an den Kopf geworfen, Faulheit und Trägheit voran. Und zwar in plötzlich gar nicht mehr professionellem, sondern höchst persönlichem Ton, und das war alles andere als lustig. Er hatte das bei seinem Vor-Vorgänger einmal mitbekommen, Steguweit, einem ältlich-freundlichen Bürokraten, dem unter der maßlosen Strafpredigt fast die Sinne geschwunden waren.

Im Grunde waren diese Leute Fundamentalisten einer merkwürdigen (und eigentlich bloß skurrilen) Geld-Religion, die so blöd war, wie es aussah, wenn die CxOs beim Kickoff in Cesar's Palace mit geballten Fäusten zu Rockmusik über die Bühne hüpften. Aber sie waren eben auch sehr, sehr mächtige Männer.

Draußen schwirren zwei Hasen auf einem schon abgeernteten Feld vorbei. Vielleicht waren das er und Schiffner-

Sender. Nach oben gespült als letzte, weil sonst keiner mehr da war. Irgendwie ratlos, irgendwie gefährdet. Vielleicht aber auch nicht, und das Feld erblühte noch einmal von neuem! Und sie waren keine Hasen, sondern Löwen!

Vor ihm taucht eine Tankstelle auf, grün erhoben aus einem Meer wogenden Gesträuchs. Da gab es sicher was zu essen, und telefonieren konnte er auch mal in Ruhe. Sein *mobile* hatte sich schon seit mehr als einer Stunde nicht mehr zu Wort gemeldet, und so gern er Ruhe hatte und die Landstraße bevorzugte, weil man da besser nachdenken konnte, so gut würde es ihm tun, mal wieder unter Menschen zu kommen.

Als er vorfährt und hält, tritt ein Mann in der Uniform der Tankstellenkette aus dem Verkaufsraum und schlendert zur Kante der Betonschwelle an der Ecke des Gebäudes hinüber. Im gleichen Augenblick durchfährt Kessler die Erinnerung an eine Fahrt mit Dr. Wagner vor zehn oder mehr Jahren. Wagner hatte ihn als Fachreferenten mitgenommen zu einem Meeting mit einem Bankvorstand – damals hatte er schon geglaubt, sein Aufstieg habe begonnen, was sich dann aber als vorläufiger Irrtum erwies. Obwohl alles glattgegangen war, hatte Wagner ihn danach ebenso willkürlich und ungerührt wieder in die Reihen der Subalternen absinken lassen, wie er ihn zuvor herausgegriffen hatte. Auf der Fahrt zu jenem Termin hatte er eindrucksvoll mitbekommen, wie damals Führungsarbeit ging. Sie beruhte auf purer Intuition, reinem Geschwafel, freischwebend eingebildeten Visionen, von denen er sich schon länger gefragt hatte, wo sie eigentlich herkamen, aus welchen Geheimunterlagen die Führungsspitze sie herauslas.

Der Tankwart verschwindet in einem Anbau. Eine

Werkstatt vermutlich. Eine Wolke verdunkelt die Sonne und taucht das Tankstellengelände in Halbschatten.

Dr. Wagner war damals bei einem Tankstopp mit einem ölbespritzten Mechaniker im Blaumann ins Gespräch gekommen (das heißt: er hatte es bewußt gesucht), der mit den Händen unablässig an einem Tuch herumfummelte, das kein bißchen sauberer war als seine Finger (ein gleichberechtigter Austausch von hoher Redundanz). Dr. Wagner war unter das Vordach getreten, hatte sich in Männerpose neben den Mann gestellt (der standhaft seinen Lappen knüllte) und hatte in die gleiche Richtung wie dieser (und in eine ganz ähnliche Landschaft wie diese hier) geschaut. Dann hatte er den Mann in beiläufigem Ton gefragt – Kessler hatte mehr oder weniger zufällig nahebei gestanden und es kaum geglaubt –, wie seiner Meinung nach das Wetter werden würde. Und aus der Antwort des Mechanikers, der die schwarzen Schlieren um Nase und Mund seines runzligen Gesichts gelegentlich mit dem Tuch auffrischte, hatte Dr. Wagner dann tatsächlich das entnommen, womit er kurz darauf dem Bankvorstand seinen Weitblick, seine Kenntnis der nahen Zukunft vorzumachen suchte.

Kessler erinnert sich, wie er fassungslos am Tisch saß, als die meteorologische Skepsis des verschmierten Nuschlers im Konferenzraum der Bank als Marktprognose wiederkehrte. Sieht nicht so aus, als würde es in nächster Zeit Regen geben, hatte der Mann mit tellurischer Bedenkenträgermiene in derbem Dialekt verkündet – nun machte Dr. Wagner daraus, daß ihnen wirtschaftlich dürre Zeiten bevorstünden, weshalb es nötig sei, die Software zu erneuern, um die Kosten zu senken.

Er hatte damals, so unauffällig es ging und so direkt, wie

er es sich traute, über den großen runden spiegelblanken Konferenztisch hinweg in Dr. Wagners sphärisch durchglühtes Gesicht geschaut und *gesehen*, daß sein Vorgesetzter den phantastischen Unsinn selber glaubte – als säßen überall im Volk schlichte Handwerker mit prophetischen Gaben und visionärem Blick, erdbehaftete delphische Orakel, aus deren Gefasel sich die beste Unternehmensstrategie ableiten ließ.

So also, hatte er damals gedacht – wenn auch erst drei Monate später, als es ihm endlich gelungen war, dem verstörenden Ereignis Sinn zu geben –, so also treffen große Wirtschaftsführer ihre Entscheidungen: aus dem Bauch wildfremder Leute heraus, denen sie zufällig auf der Straße begegnen. – Das war etwas, hatte er beschlossen, das er nie tun würde: Er würde sich an Zahlen und beweiskräftige Unterlagen halten, nicht an Hokuspokus und idiotenbasierte Intuition.

Und entsprechend war es ja für Dr. Wagner auch gekommen, nicht wahr, und jetzt war Schiffner-Sender dran, der bestimmt nicht mit hergelaufenen Leuten quatschte – oder doch, schon, aber ohne aus ihrem Geschwafel Rückschlüsse auf die kommende Marktlage zu ziehen. Ihnen kam dergleichen gar nicht in den Sinn, sie waren ganz anders aufgewachsen, anders geschult. – Er schüttelt den Kopf und läßt den Motor an. Er hat nicht mal Lust, sich dem Mann, der jetzt vor dem Nebengebäude steht und einen Schokoriegel schält, auch nur zu nähern – wer weiß, am Ende sagte der etwas, das sich interpretieren ließ, und dann fiele er schließlich auch noch auf so was herein.

Nein nein, er schlägt das Lenkrad ein und hält auf die Einmündung der Landstraße zu. Im gleichen Augenblick verzieht sich oben die Wolke, flammt der Asphalt um ihn auf wie eine unbezweifelbare Erkenntnis: Es war die Stunde der Ingenieure! Die große Zeit der Nüchternen brach an! Zahlen logen nicht! Da brauchte man nichts zu interpretieren und wie das Hexenwerk sonst noch hieß. Keine Visionen. Außer dem blanken Rausch der Nüchternheit. Kalt wie die Sterne! Er gibt Gas, zügig und entschlossen, wie es sich für eine Führungskraft gehört, und schaltet das Radio ein, um die blödsinnigen Gedanken zu verscheuchen, die verstörende Erinnerung an Dr. Wagner und seine Methoden, und schießt unter dem blauen Himmel mit reichlich hundertzwanzig davon, auf seine nächsten Termine zu, während sich der Uniformierte (stellte ich mir vor) kauend in seine Tankstelle begibt, in deren Hinterraum über einem flüchtig unaufgeräumten Schreibtisch der Kalender eines Reifenherstellers hängt, dessen aufgeschlagenes Blatt (aufgrund einer Nachlässigkeit der italienischstämmigen Putzfrau, deren älterer Sohn an Astigmatismus leidet, noch das vom letzten Monat) eine schnittige Limousine ziert, die vor einem jahreszeitlich passenden Sonnenuntergang davonschießt.

In Feindesland

Die bronzenen Kinne der Taxifahrer, die morgens um halb sechs im Rückspiegel schweben, stehen symbolisch für das, was ich aufbringen muß in diesem Job: eiserne Entschlossenheit. Sie halten sie mir vor, wie um mich an das zu erinnern, was mir fehlt (und trotz aller Kinnigkeit haben es ihre Besitzer nur zum Taxifahren gebracht).

Am dämmrigen Bahnhof immer wieder dieselben Typen: Grobis im Blaumann, picklige Jungs in ihrer verwaschenen Art. Ich kaufe mir ein Frühstück, ich quäle mich in den Zug. Eine junge Frau bückt sich und zieht im Inneren ihrer Stiefelette eine unsichtbare Socke hoch. Ich muß mich beeilen, will pünktlich an meinem Platz sein. Erwarte die Abfahrt des Zuges mit Ungeduld: Schon gleich fangen wir uns (auf der riesigen Bahnhofsuhr) ein paar Sekunden Verspätung ein.

Auch im Zug immer dieselben Typen. Langweiler, die mit dem Leben nichts anzufangen wissen (die nirgendwo wichtig sind). Sitzen sie eben in Zügen. Ich bin der einzige hier, der zittert und brennt, die anderen scheinen vor Ruhe zu platzen. Ich nehme eben gefährliche Jobs auf mich, ich riskiere was! Die andern fahren bloß zur Arbeit.

Mein Gefühl, etwas Besonderes zu tun, etwas, das nur ich tun kann, füllt mich bis zum Kragen. Trotzdem ist daneben noch jede Menge Platz für Unsicherheit, Zweifel, Ängste, Erwartung. Ja, ich bin voller Erwartung: Daß sie gut finden, was ich gemacht hab. Ab-so-fort einen unwiderstehlichen Fachmann in mir sehen. Und dann, sag ich mir, leg ich erst richtig los. Dann ist Schluß mit den Zweifeln (draußen zieht Landschaft vorbei), dann kommt restlos alle Energie dem Produkt zugute.

Habe ich nicht längst schon bewiesen, daß ich in allem gut bin, was sie von mir verlangen? Irgend etwas scheint sie noch abzuhalten, irgend etwas läßt sie zögern. Vertraut mir nur, möchte ich sagen (wortlos am liebsten, durch verständigen Augenaufschlag), und dann sollen sie einander ansehn, nicken und ventilieren: Weißt du was, der Mann hat recht! Und dann geben sie mir die Unterlagen und gehen raus und lassen mich machen. Und dann komm ich mit einer blendenden Lösung und sie klopfen mir auf die Schulter und drängen mir Geld auf.

So in etwa stell ich mir das vor: Sie mit ihren Problemen und Wünschen und Bedürfnissen, und ich in meinem stillen Kämmerlein, wo ich Lösungen ausarbeite. Nach Monaten komme ich wieder hervor und sie staunen und freuen sich (und bewundern mich ein bißchen). So wäre ich gern: ein Genie. Aber dazu gehören natürlich immer zwei. Einer, der es ist, und einer, der es erkennt. Kannst noch so genial sein, wenn es keiner sieht, bleibt es eine einsame Sache!

Bei der Einfahrt in die Tunnel (es gibt viele auf der Strecke) hebe ich manchmal den Kopf, aber nicht immer. Kommt drauf an, ob ich noch Unterlagen lese. Dann rauscht das Dunkel über mich hinweg und ich zieh ganz unbewußt den Kopf ein (oder es kommt mir so vor) und denke: Hoffentlich erwischen sie mich nicht. Bei einer Unkenntnis oder den kleinen Fouls, die man immer begeht. Dann träume ich eine Zeitlang, ich wäre ein Agent mit geheimem Auftrag, der in einem gefährlichen Zug durch die Welt rast und wegen seines hellwachen Scharfsinns von niemandem zu fassen ist. Und dann ist der Tunnel vorbei, die Welt hellt wieder auf und ich schrumpfe noch ein bißchen zusammen, weil mir einfällt, daß ich ihnen jetzt wieder ein Stück näher gekommen bin (worauf ich mich den Rücken durchzustrecken zwinge).

Das Wichtigste wäre mir die Zuneigung und das Vertrauen des Kunden (nicht etwa Professionalität). Sie müssen mich ja nicht persönlich mögen (bin manchmal kratzbürstig, um meine Glaubwürdigkeit zu erhöhen), sie sollen nur meine Arbeit bewundern! Aber sie zeigen das nicht. Es scheint zu ihrer Vorstellung von Professionalität zu gehören, weder Zuneigung noch Vertrauen zu zeigen. Ich denke, sie spiegeln da einfach wider, wie der Weltkonzern, bei dem sie arbeiten, ihnen begegnet.

Irgendwann sind wir in Stuttgart: Aussteigen, umsteigen! Letztes Gerenne über einen hochflinken vollgelaufenen Bahnhof. Danach kommt nur noch Provinz. Gern flanierte ich hier weiter unter all den Busineßmännern mit weißen Hemden und Aktentaschen und verschwände in irgendeinem namenlosen Büro, wo mich niemand kennt. Aber ich muß in die Provinz, weil es für den Weltkonzern billiger ist.

All diese Leute, die sich da in dem Meetingraum versammelt haben, hätte ich in der Schule gehaßt, denke ich. Es sind genau die Selbstverständlichtuer, die die Oberstufe überfluteten. Ich tat erfolgreich so, als existierten sie nicht, strich sie als völlig unbedeutend aus meinem Bewußtsein – und hier erwarten sie mich wieder. Sie sind der Auftraggeber, ich der Lieferant, sie schwelgen in Sicherheit, ich bin ein kleines buckliges Männlein, das um Anerkennung kämpft. Die ganze Oberstufe über ihre an nichts Anstoß nehmenden Gesichter, ihre Klamotten, in denen sich nur eins ausdrückte, dafür aber immer wieder: die Bereitschaft, alles normal finden zu wollen. Die Arbeit an ihrer Sensibilisierung gab ich früh auf: Da war nichts zu machen. Jetzt sitze ich ihnen wieder gegenüber, und sie sind noch genau die unempfindlichen Sieger, die sie immer waren. Wahrscheinlich fühlen sie dumpf, daß sie die Mehrheit sind und man ihnen deshalb nichts anhaben kann. Und mühen sich nach Kräften, immer in der Nähe der Mehrheit zu dümpeln, unbeweglich bis zum Rand völliger Starre. Nur manchmal verfallen sie in hektische Scheinaktivität, wenn sie das Gefühl haben, sich von der Mehrheit zu entfernen. Rudern mit allem, was sie haben, zu ihr und in sie zurück. In ihren sicheren, mutterleibsartigen Schutz, wo sie dann weiterdämmern und alles normalfinden können.

Vor allem nehme ich ihnen übel, daß sie mich damals nicht beachtet und heute recht damit gehabt zu haben scheinen. Und mich abermals nicht beachten. Alles, was ich tue, ist ihnen scheißegal. Solange es ihnen nicht hilft, in ihrer Scheiß-Herde zu bleiben, in der sie multiplizierte Einzelwesen sind und bleiben, die einander zutiefst mißtrauen – weil sie dieselben Ziele haben, für die sie einander brauchen und die sie gemeinsam nie erreichen werden – und die einander niemals wirklich begegnen, da sie immer nur angstvoll den Blick abwenden und sich einzureden suchen, sie selbst bestimmten, wo sie sind und was sie tun. Und jetzt stehe ich hier vor lauter solchen Leuten, die mich skeptisch ankucken und argwöhnisch erst mal alles anzweifeln, was ich ihnen auftischen will, weil ich Lieferant bin – und Lieferanten sind faul und genügsam, verständnislos und betrügerisch, sie suchen einen reinzulegen, wo sie können, man kann ihnen keinen Schritt weit über den Weg trauen.

Das Skript für eine Messeshow (oder ein Video oder den jährlichen Kickoff) beispielsweise muß die Interessen mehrerer Brands vereinigen und trotzdem ein interessantes Spektakel bieten, damit die Messebesucher nicht in Scharen vom Stand wegrennen, sondern fasziniert an der Bühne kleben und ihre Termine vergessen. Dieser Teil der Kunst ist aber den hier Sitzenden völlig egal und siebensiegelig versperrt. Sie sehen nur die Slogans, Claims, Anpreisungen – oder eben deren Fehlen. Die Show als Show liegt außerhalb ihrer Zuständigkeit, auch wenn eine schlechte Show alle Slogans entwertet. Es fehlt ihnen am Willen, einen anderen Standpunkt einzunehmen. Sie sind nur sie selbst, den ganzen Tag lang von acht bis sieben, jeden Tag wieder (ich nehme an, nach Feierabend sind sie anders, zumindest die ersten paar Jahre. Stehen locker am Grill und flachsen, tragen andere Hemden. Lassen den lieben Gott einen guten CEO sein).

Eigentlich ist es bloß ein Zehntel (oder zwei), das rumnervt. Aber die anderen schweigen und unterstützen keinesfalls mich. Unter keinen Umständen. Schon der Gedanke an die Möglichkeit löst Panik aus. Inhalte außen vor lassen! Egal, wie klug und einleuchtend sein mag, was ich sage: Es ist ein Machtspiel. Und *sie* haben keine – deswegen werden sie sich *mir* niemals beugen. Müssen sich allen andern schon beugen! Tagein, tagaus! (Lieferantenbesuch ist Feiertag.) Und bei jeder jährlichen Firmenumgestaltung wieder. Da kommen sie auf ganz neue Posten, in neue Abteilungen. Jobs, von denen sie keine Ahnung haben (und entgeistert konstatieren: auch keiner bedürfen). Da heißt es: runterschlucken und Maul halten!

Dabei nützt es nichts, daß ich ihnen hier all das erzähle (zumal ich es ja gar nicht tue, sondern nur still in meinen leeren Kopf hinein bramarbasiere). Sie werden es diesseits des Großen Quartalsabschlusses nicht mehr begreifen. Das hätten sie schon vor Jahren gekonnt – und insgeheim wissen sie's natürlich selber!

Kein Wunder, daß sie ihr Mütchen jetzt mal an mir kühlen wollen, wo ich so unschuldig-optimistisch hereingeschneit komme, mich über dreihundert Kilometer Entfernung für neun Uhr früh bestellen lasse wie ein Schnürsenkeldealer, der's nötig hat. Dabei habe ich es so wenig verdient! Im Gegenteil: Ich versuche ihnen zu gefallen (wenn auch unter Achtung meiner Würde). *Alles* biete ich ihnen dar, belüge sie nicht, betrüge sie nicht (über das unvermeidbare Maß hinaus). Trotzdem behandeln sie mich wie einen faulen Apfel (dieselben, die damals in der Oberstufe mit leeren Gesichtern herumstanden, mit auf den Rücken verschränkten Armen an Türrahmen gelehnt, auf ein verlockend unvermeidliches Schicksal wartend). Dabei habe ich alle Unterlagen gelesen – na gut, nicht von vorne bis hinten. Aber doch genauer als sie (jedenfalls die meisten von ihnen, Randers zumal: Projektleiter bloß dem Namen nach). Jedenfalls habe ich mehr Überblick über die Breiten der Brands (während sie schamlos ihrem jeweils aktuellen Egoismus folgen, der immer derselbe ist: den scheinbar vorgeschriebenen Weg nicht verlassen!) und bemühe mich, jedem gerecht zu werden. Das beeindruckt sie wenig bis nullkommagarnicht. Jeder denkt nur an sich und seine kleine Untermarkenbotschaft! Wenn es nach ihnen ginge, wären die Messeshows simple Aneinanderreihungen von Slogans, aufgesagt von einem Roboter auf einem sich langsam im Dreiviertelkreis drehenden Bildschirm!

So sitzen sie mir gegenüber, zu dumm zum Sterben oder Schlafen, und hämmern ihre Einwände und Kritteleien auf mich ein. Schon aus Gründen der Selbsterhaltung (was sie dafür halten) werden sie mich niemals anerkennen. Das wird mir ein ums andere Mal immer wieder klar (und ich frage mich, wie oft ich die Lektion noch wiederholen muß, während ich optimistisch im Zug sitze und die Landschaft an mir vorbeibrausen sehe und von Lob und Schulterklopfen träume), und jedesmal muß ich es doch neu lernen. Jedesmal denke ich: Jetzt habe ich ihren Geschmack aber getroffen (um jedesmal wieder im Meer der Kritteleien zu versinken, loblos zu bleiben, bestenfalls mürrisch, aus Zeitmangel, abgenickt und hingenommen) – nur sind sie ja untereinander auch spinnefeind! Sosehr sie einander brauchen, um jene Masse zu bilden, in der sie gefahrlos mitschwimmen können, so sehr hassen sie jeden einzelnen anderen Bestandteil dieser Masse. Die eine Abteilung gönnt der anderen nicht den kleinsten Erfolg – was umso komischer ist, als sie ja alle zwei Jahre spätestens die Abteilung wechseln.

Jetzt sieht Randers zu mir auf, der mich beschützen müßte, der sich schämt, weil er mich nicht beschützt. Jetzt sieht er schon wieder weg. Hat er mir aufmunternd zugezwinkert? Ich weiß es nicht. Kann durchaus sein; dann aber nur so, daß es sonst keiner merkt.

Irgendwann sind selbst zehnstündige Meetings zu Ende, und ich stürze taumelnd vor Irrsinn und Schläfrigkeit wieder auf den Bahnhof (zunächst des Dorfs, dann Stuttgarts) zu und lasse mich durch die Nacht zurücktragen in mein althergebrachtes Leben, das mich, zerrupft und zergliedert, kaum noch erkennt. Sechzehnstundentage sind das, von eigener Haustür zu eigener Haustür – und kein Dank dafür, daß ich die weiten Wege mache, nicht mal basalste Gastfreundschaft: Die Subalternen finden ganz normal, daß ich Subalternendinge tue. Keine Sekunde für mich habe ich (von Anfang an im Fieber dieser Besuche befangen, die nachsirren, bis ich ins Bett falle und diesen Tag in Fremdland, in Feindesland schon praktisch vergessen habe, wie einen Ausflug in ein bizarres Nirwana, eine Sphäre völligen Vergessens, von der einem nur vage Schatten bleiben, weil man es alles nicht fassen kann: Das soll echt gewesen sein, mir zugestoßen? Diese Feindseligkeit, Verachtung, Selbstverachtung? Dieses mählige Zermahlen von Kleinigkeiten, diese totale Ignoranz dessen, was schön, elegant und witzig war an meinem Skript? – Wenn so das Messepublikum wäre, könnte ich gleich stempeln gehn!), sobald ich morgens das Haus verlasse, keinen Schutz und keine Zuflucht in den Zügen und Taxis und Meetingräumen und Kantinen (jeden Fuß, den ich setze, setz' ich auf brennenden Boden), kein eigenes Leben habe ich mehr (alles fällt erinnerungslos von mir ab, um nur den nächsten Moment zu überstehen, irgendwie auf all das Sperrfeuer der Zumutungen zu reagieren, irgendwie den Kopf aus der Schlinge zu ziehen, die sie mir aus ihren beruflichen Beleidigtheiten immer wieder bereiten), weil ich mich ihnen so anheischig mache, weil ich so dringend geliebt zu werden wünsche von jenen, die das am allerwenigsten können – es aber zugleich doch am nötigsten hätten, irgend jemanden zu lieben.

Keiner, Chef oder Kunde, erkennt mich an für das, was

ich bin, was ich kann. Bestenfalls verlangen sie immer nur noch mehr (da kann ich dann fast stolz sein), schlimmstenfalls vermögen sie nicht einmal zu sehen, worin denn bitteschön meine Leistung besteht (jeder Schusterjunge könnte so ein Skript zusammenklöppeln). Sie negieren, daß ich mir Gedanken um sie und ihre Probleme gemacht habe, vollkommen – oder setzen es absolut voraus. Dann weiß ich auch nicht weiter, denn ich arbeite eigentlich gern – nur wenn sie die ganze Arbeit gar nicht *sehen*, die ich mir gemacht habe, dann ist es, als würde ich ausgelöscht. Ausgelöscht vor aller Augen, inexistent, ausgeixt. Weg, einfach nicht mehr da, und nie dagewesen, mit allen meinen Bedenken, Rücksichtnahmen, Erwägungen, Konzepten.

So arbeiten sie alle unbewußt, unabgesprochen zusammen, mich ständig in einem Zustand des Zitterns zu halten. Die Chefs der Agentur, die Mitarbeiter unserer Kunden. Kleines Rädchen bin ich und bleib ich (niemand will mich anderswo haben als an dieser Stelle des Getriebes), ständig bemüht (und unfähig), es allen recht zu machen. Es klebt und knirscht, Mama! Daran erkennen sie meine Entbehrlichkeit.

Epitaph für Hans-Günter Kremers

Krabach war (wie er mir hinterher anvertraute) gerade im Begriff, seine Sachen zusammenzupacken und es das für heute gewesen sein zu lassen. Vor den Fenstern des Großraumbüros schwebte zitternd ein blauer Frühlingshimmel. An den Bäumen auf dem Campus hatte sich vorhin zages Grün gezeigt. Zu seinem Code-Problem (ein störrischer Retrieval) war ihm hier nichts Neues eingefallen. Der Ortswechsel war ein Versuch gewesen, doch manchmal half, wenn es nicht weiterging, eben nur abschalten. *A day off*, wie die Engländer sagten, ein Tag ohne Arbeit und, in seinem Fall, vor allem *off line*, würde das beste sein. Besonders bei diesem Wetter.

Mit der Leichtigkeit eines werdenden Urlaubers, der lächelnd ein letztes Mal über längst erkaltete Herdplatten fährt, öffnete er noch einmal das Mailprogramm. Eine Routinehandlung, bevor er den Laptop zuklappte und seiner Wege ging (und natürlich die ewig unstillbare Neugier). In einem der Ordner, die er nur alle paar Tage mal ansah, wurden tatsächlich zwei neue Nachrichten angezeigt. Na gut, nur das noch, dachte er, dachte es in ihm, und fröhlich öffnete er, öffnete es in ihm die erste Nachricht.

Die Nachricht entsprach genau der Betreffzeile, die er nicht beachtet hatte. Die Betreffzeile entsprach genau der Nachricht, die er las. Mit dem Ergebnis, daß ihn dieselbe Zeile zweimal anstarrte, was die Sache entschieden nicht besser machte. Diese Verdoppelung und ihr grausamer und bodenständiger Gestus des Mehr-ist-nicht-zu-Sagens waren dafür verantwortlich, daß ihn die Nüchternheit des Satzes um so heftiger traf. Hans-Günter Kremers ist tot, stand da. Und erst, als er reflexartig am Mausrad drehte: R.I.P. Goofy.

Ein Scherz? Ausgeschlossen. Seinem doofen hippiehaften Pseudonym zum Trotz war Goofy ein ausgewiesener, manchmal peinigender Pedant. Krabach schloß das Mailprogramm, stand auf und ließ den Blick durch den halbverwaisten Großraum schweifen, in dem sich an diesem Tag (Montag) um diese Zeit (halb zwei Uhr) nicht viele Kollegen verloren. Sein dezent kariertes Jackett, das über der Lehne des Stuhls hing und nachdenkliche Falten warf, sah plötzlich so herrenlos aus, daß er es am liebsten sofort an sich gerissen hätte. Keiner der anwesenden Kollegen sah auf, als er den Raum durchquerte – obwohl es in diesem Ambiente langgezogener und schön geschwungener Tischplatten mit Festnetztelefon und Laptopanschlüssen wie eine extravagante Geste wirken mußte, einfach mal so zum Fenster zu gehen, als wäre das ein konventionelles Büro, in dem jeder einen festen Platz besaß.

Der Blick vom Fenster ging, das hatte er gar nicht gewußt, in einen begrünten Innenhof, nicht auf den Campus. Überrascht stellte er fest, daß sich auf der anderen Seite ähnliche Fenster befanden, daß das Gebäude dort weiterging. Er hatte in den gut anderthalb Jahren, in denen er hier gelegentlich vormittags Mails absetzte und das Web durchstöberte, nie einen Blick auch nur *zum* Fenster geworfen (eigentlich arbeitete er zu Hause, seit die festen Büros aufgelöst worden waren).

Der Innenhof wurde von einem Auslaß der Klimaanlage beherrscht, einem mannsdicken gekrümmten Rohr in Dunkelblau. Einige großblättrige Gewächse versuchten vergeblich, es zu kaschieren, spendeten dafür aber zwei pietätvollen Sitzbänken Schatten, auf denen allem Anschein nach nie jemand saß.

Er wandte sich um, um sein Erstaunen mit den Kollegen zu teilen, die sich jedoch nicht um ihn kümmerten. Tief gebeugt saßen sie vor ihren Laptopschirmen und starrten hinein. Einen oder zwei von ihnen kannte er vom Sehen, aber die Namen wären ihm nicht eingefallen.

Vielleicht war man in unserer Branche wirklich schlicht und unverzüglich vergessen, wenn man starb. Ein leerer Stuhl, auf den sich jemand anderes setzte, eine Ballung von Spam in einem nie mehr abgerufenen Account, ein verärgerter Kunde am Telefon, der sich mit ein paar traurigen Worten leicht beschwichtigen ließ.

Hans-Günter Kremers war Freelancer gewesen. Er hatte für verschiedene Firmen gearbeitet, manchmal allein bei kleineren Kunden, manchmal in Teams eines der Großanbieter. Man konnte nirgendwo anrufen, um mit jemandem über ihn zu sprechen – und was überhaupt? Vage sein Beileid auszudrücken, zu versichern, daß er immer ein großartiger, hilfsbereiter Kollege gewesen war, auch wenn man ihn nur aus der Mailingliste kannte. Und, Moment mal, warum wollte er das überhaupt, warum fiel ihm das ein, warum kam er auf solche Gedanken?

Immerhin war ein Mensch tot, den er gekannt oder von dem er wenigstens gewußt hatte. Einfaches Achselzucken wäre herzlos und unkultiviert gewesen. Andererseits, und da war immer ein Andererseits, hatte er Kremers wirklich kaum gekannt, nie gesehen, nur ein paar Hundert Mails von ihm gelesen und ein- oder höchstens zweimal auf sie geantwortet.

Er hob unbehaglich die Achseln (oder kratzte sich am Kinn). Dabei wurde ihm bewußt, daß er aufrecht vor dem Fenster stand und in einen Innenhof starrte, in dem kein Mensch war, während hinter ihm die Kollegen vom Vertrieb auf der Suche nach dem nächsten Umsatz in ihre Kunden oder deren Konten drangen. Das zielstrebige Geklapper ihrer Tastaturen stand in scharfem Kontrast zu seinem unbeholfenen Dastehen, noch dazu ohne Jackett. Er machte sie nervös, raubte ihnen die Zuversicht, heute noch einen großen Deal abzuschließen, wenn er noch länger hier herumstand, Inbild der Ratlosigkeit, auch wenn sie das nie zugeben und ihn nur in Gedanken beschimpfen würden: Was macht das fette Arschloch da am Fenster?

Als wäre er in die Nähe einer Hitzequelle geraten, trat er drei Schritte zurück, wandte sich seitwärts und ging in einer vagen Richtung weiter, als dächte er im Gehen über eine neue Abfrageschleife nach.

Tatsächlich war sein Kopf leer, leerer denn je. Er sah immer nur sich selbst, wie er wie ein Wassertropfen auf einer heißen Herdplatte tanzte, wie er in Cordhose und Karohemd durch den Großraum schritt, die Hände in den Hosentaschen.

Der Tod, dachte er. Erlahmen der inneren Organe, Stoppen des Herzschlags. Sonst noch was? Ach ja: Das Hirn hörte zu arbeiten auf. Kein Strom. Und wohin verschwand die einzigartige Persönlichkeit? Er blickte auf seine Kollegen an den langen Reihen von Tischen, die einander in unerschöpflicher Beflissenheit überboten. Plötzlicher Abbruch aller Denkvorgänge, Routinen und Loops. Alles erlosch. Blieb aber noch irgendwo gespeichert? In den Gedächtnissen der Weiterlebenden. In seinem.

Er machte einen Ausfallschritt, als seufzte er mit den Beinen. Seine Socken fühlten sich feucht an; der Großraum war gut geheizt.

Er hatte Hans-Günter praktisch nicht gekannt. Keine Ahnung, was der im einzelnen gemacht hatte. Eigentlich gar nicht gekannt, wenn man's genau nahm. Seine Mails – eine Ahnung von einem zu staubtrockener Knappheit neigenden, penibel über seinen Schreibtisch gebeugten Schlauberger in Hemdsärmeln und mit beginnender Glatze (und automatisch wechselndem Promi-Zitat unter dem Kürzel). Vielleicht. Vielleicht auch ganz anders.

Hans-Günter, gelöscht. Von ihm geschriebener Code blieb. In den Weiten des Webs … Eigentlich ging ihn die Sache gar nichts an. Weiß auch nicht, warum ich gerade so erschrocken bin. Ein Halbfremder stirbt …

Vor zehn Jahren, in den Anfängen der Mailingliste, waren die Dinge noch enger beieinander gewesen. Compileringenieure hatten sich mit Basicbastlern ausgetauscht (heute waren die Labors voller junger Leute, die nur noch *eine* Sprache beherrschten – wenn überhaupt). Sie hatten vielleicht nichts mehr gemein als die Erinnerung an eine Vergangenheit, in der es anders gewesen war. Und plötzlich eine neue Aussicht: ein obszöner schwarzer Virus, der sich in ihr heiteres Codegeplauder eingeschlichen hatte.

Der Code des Codes. Dem Code der Code.

Er kehrte an seinen Platz zurück, öffnete das Mailprogramm und stellte bei dieser Gelegenheit fest, daß sich die Abrufautomatik ausgeschaltet hatte (was wenigstens erklärte, warum nach Goofys Mitteilung keine weiteren Mails mehr eingegangen waren). So etwas geschah zuweilen, auch wenn es ihn unverändert irritierte, daß sich Programme im Rechner selbsttätig umprogrammierten. Einmal waren sämtliche Desktop-Icons von seinem Bildschirm verschwunden gewesen, weil sich das Häkchen in der Desktopverwaltung, das ihre Anzeige befahl, auf wundersame Weise selbst entfernt hatte (vielleicht verschwinden Dinge in der digitalen Welt leichter als in der realen. Aber es läßt sich alles wiederherstellen). Als er den Mailabruf wieder einschaltete, tröpfelten tatsächlich drei, vier, fünf Mails vom Server in den Ordner, und er konnte nicht umhin, rasch die Betreffzeilen zu überfliegen und so etwas wie Erleichterung zu verspüren.

Es waren sämtlich Antworten auf ältere Diskussionen, deren Absender Goofys gestrige Mail offenbar nicht zur Kenntnis genommen hatten. Dadurch wirkten ihre Hinweise zu C++, HTML oder auf neue interessante Code-Bibliotheken im Internet merkwürdig fad, irgendwie verschwommen und *off-topic*, anders gesagt: wie aus einer anderen Welt.

Oder ging das Leben einfach weiter, gingen die anderen bewußt nicht auf den Todesfall ein?

Er starrte auf die Unterlagen auf der Buchenholzplatte, den Bildschirm des Laptops, das Handheld auf dem Tisch daneben, dessen Display sich in vornehmes Dunkel hüllte. In einer spontanen Reaktion, und wohl um *irgendwas* zu tun, schaltete er das Gerät aus. Das Display flammte auf und erlosch. Die Schwärze, die es nun zeigte, wirkte gründlicher, profunder und ernster als die zuvor.

Er stand abermals auf (im klaren Bewußtsein, daß er dies nicht mehr sehr oft machen konnte, ohne die Kollegen endgültig zu verärgern; sie hatten sich nur deshalb noch nicht umgewandt, weil das mehr Kraft erfordert hätte, als ihn zu ignorieren), ging zum Wasserspender hinüber, nahm sich einen Becher und füllte ihn, wobei er an nichts Spezifisches dachte, während er den Schalter gedrückt hielt und das Wasser leise plätschernd in das Behältnis rann.

Mein Gott, er kannte den Typ doch gar nicht. Korrigiere: Er hatte ihn doch gar nicht gekannt. Ein paar Mails, na und? Was ging ihn das an – der war wahrscheinlich mindestens zwanzig Jahre älter als er. Gewesen. Und sein Tod hatte in der Mailingliste nichts zu suchen, schließlich war er kein Code-Problem – Krabach mußte aufstoßen, worauf er noch einen Schluck Wasser trank –, oder wenn doch, dann verstand unsereins die Programmiersprache, in der es sich abspielte, jedenfalls ganz und gar nicht.

Er warf den Becher, der beim Zerknüllen das übliche häßlich krachende Plastikgeräusch unwiderruflicher Zerstörung von sich gab, in den Papierkorb und machte kehrt. Ging zurück zu seinem Platz und zu seiner Arbeit, um sie für heute endgültig hinter sich zu lassen. Ungeduldig sah er zu, wie der grün eingefärbte Posteingang des Mailprogramms vom Schirm seines Rechners verschwand und durch das Firmenportal ersetzt wurde. Zur Sicherheit fuhr er den Laptop ganz herunter, damit er nicht in Versuchung kam; das Handheld war ja schon aus. Als er den Großraum verließ, das ehemals herrenlose Jackett sicher im Arm, lachte einer der Kollegen am Telefon auf und sagte: »Glauben Sie mir, ich sehe das ganz genauso.«

Der wolkenlose Himmel wirkte deplaziert, der Verkehr war schon um diese Zeit mörderisch. In einer Nebenstraße, die er als Abkürzung nutzte, luden zwei dürre Gestalten einen Lieferwagen voller länglicher Kisten aus, und er machte schleunigst, daß er weiterkam.

Am Stadtpark fand man mühelos einen Parkplatz. Vor dem Eissalon hatte sich eine kleine Schlange aus Rentnerpaaren und Schülern gebildet. Letztere schwänzten wahrscheinlich. Krabach wartete geduldig, bis er an der Reihe war. Es tat ihm irgendwie gut, einer in einer Reihe zu sein. Er bestellte wie üblich zwei Kugeln Schokolade (er vertraut dieser Geschmacksrichtung seit Kindesbeinen vollkommen).

Die ausgeschalteten Geräte in seiner Tasche (insbesondere das Handheld) fühlten sich wie tote Lasten an. Eine sinnlose Beschwernis. Wenn er sie einschaltete, würden sie vielleicht leichter (wogen fließende Elektronen weniger als stabile?). Aber er wollte es nicht.

Im Park waren Menschen und Tauben. Menschen und Kinder und andere Vögel. Kinderwägen und Rentner. Die Fontänen am Springbrunnen liefen bereits, waren ihm aber aus irgendeinem Grund zuwider. Es kam ihm vor, als klammerte sich irgendwas an ihn, säße auf ihm und beschwerte ihn. Schon klar, was es war: der Tote (oder nicht der Tote (den hatte er ja gar nicht gekannt), sondern die Mitteilung des Todes (vielleicht gar der Tod selbst)). Die Sonne stach wie ein Menetekel schräg durch die noch kaum belaubten Zweige. Am Ufer des großen Teichs in der Mitte des Parks standen ein paar Trauerweiden, darunter eine winzige Greisin samt Enkel, die Brotstückchen (oder so was ähnliches) nach den Enten warfen.

Krabach stellte die Tasche auf den Boden, beugte sich vor und öffnete sie. In einem schmalen, mit Reißverschluß zu sichernden Zwischenfach bewahrte er ein paar ubiquitär nützliche Kleinigkeiten auf: Taschentuch, Feuerzeug, Nagelknipser. Und eben auch, wenn er sich recht erinnerte, aus altvorderen Zeiten ein paar USB-Sticks minderen Speichervolumens. Beim Wühlen nach ihnen stießen die Finger seiner Rechten (das Eis hielt er in der Linken hoch) immer wieder gegen die unnachgiebige Plastikschale des Laptops jenseits der dünnen Zwischenwand, der den meisten Platz in der Tasche beanspruchte.

Da! – endlich hatte er einen und holte seine unscheinbare Beute hervor. Es war der mit der umklappbaren blauen Verschlußkappe, den er als Teilnehmer einer Tagung in Toronto bekommen hatte. Da waren noch ein paar ganz interessante White Papers drauf, zu deren Lektüre er bislang noch nicht gekommen war. Er schob den Stick in die Hosentasche, beugte sich wieder vor und wühlte weiter.

Ah – ein klobiger schwarzer Stick, uralt. Was da wohl drauf sein mochte? Urlaubsfotos von ihm und Christine vielleicht, Marokko 2002 oder so. Hatte er die nicht auf eine seiner Festplatten überspielt?

Er richtete sich auf (der Deckel seiner Ledertasche klappte zu, die Schließe klickte ans Schloß), wog das ungeschlachte Ding in der Hand und schaute hinaus auf den Teich. Mild glänzte die Oberfläche. Der Wind kräuselte ein paar Wellen.

Grabbeigaben, sozusagen. Digitales Rauschen, aufgelöst in der Natur (oder so). Nein, andersrum: aufgelöst in digitalem Rauschen. Im Nirwana des Digitalen. Die Daten auf dem Stick (was immer es auch war) würden ebenso verloren und unauffindbar sein wie Hans-Günter, und beide stammten aus digitalen Räumen (irgendwie). In denen sie irgendwo irgendwie vermutlich weiterleben würden (das Internet vergißt nichts!). Als Code, als Backup-Kopie.

Er warf einen letzten Blick auf den schwarzen Plastikknubbel mit dem Flashspeicher drin, dann holte er aus und schleuderte das Ding auf die weite Wasserfläche hinaus. Trotz allem war der Stick so klein, daß er nicht einmal den Plumps sehen konnte. Das Wasser glitzerte zu stark, auf allem lag Sonnenlicht, wurde reflektiert, blendete ihn. Er legte die Hand als Schirm über die Augen, aber jetzt war es natürlich zu spät.

Als er an der großen Ampel an der Ausfallstraße stand und auf Grün wartete, fiel Krabach ein, daß er das Handheld besser nicht ausgeschaltet lassen sollte. Moira hatte ihm gestern eine ihrer kryptischen Mails geschickt: »Jurgen, can I call you tomorrow afternoon.« Sie würde ihn ohne Bedenken feuern, aber sie fragte an, ob sie anrufen dürfe. Wahrscheinlich, damit man sich vorher noch rasieren konnte.

Er beugte sich über den Beifahrersitz, fummelte sein Handheld aus dem Rucksack und schaltete es ein. Als er die PIN eingeben wollte, hupte jemand hinter ihm, und er legte es weg.

Auf der Landstraße ergab sich keine Möglichkeit mehr – der Verkehr war stark und er haßte unnötige Risiken. Aber gleich in der Einfahrt, nachdem der Motor aus war, tippte er die Ziffern ein und steckte das Gerät in seine Hosentasche.

Christine war noch nicht zu Hause. Er wußte nicht, wie lange ihr Unterricht heute ging, und hatte auch keine Lust, auf den Stundenplan am Kühlschrank zu kucken. Stattdessen fegte er mit gekrümmter Hand die Krümel auf der Anrichte zusammen, ließ sie über die Kante in die andere Hand springen, fing sie sicher auf und entsorgte sie im Klappeimer neben der Tür. Dann öffnete er den Hängeschrank und rückte die unbenutzten Tassen zusammen. Vor dem Fenster machte sich eine große Wolke um die Verdunkelung der Innenstadt verdient.

Er hätte gern mit jemandem gesprochen. Natürlich starben Leute, einfach so, das passierte dauernd. Aber normalerweise kannte man sie oder kannte sie nicht und es war klar, ob man über ihren Tod hinweggehen konnte oder betrübt zu sein hatte. Hier war gar nichts klar.

Er ließ sich von der Maschine einen Cappuccino brühen und setzte sich auf die Terrasse, aber es war zu kalt. Also ging er in sein Arbeitszimmer im ersten Stock. Die Büsche im Garten blühten schon; komisch, daß er das erst von hier aus sah. Auf der Terrasse war es ihm nicht aufgefallen.

Er stellte die Tasse auf dem Schreibtisch ab, legte den Laptop daneben, fuhr ihn hoch, nahm auch das Handheld aus der Tasche und legte es daneben. Christine würde sagen, daß es ihr leid tue um seinen Kollegen, daß er aber übertreibe. Er selbst wußte nicht einmal, ob es ihm leid tat – sicher, ja, allgemein. Er wußte einfach nicht, was er von diesem Todesfall halten sollte, das war das Problem. Ging es ihn etwas an oder nicht? War Kremers einsam gestorben, war unser aller Leben sinnlos, war es mitten in einem Projekt geschehen, ohne daß Kremers hatte Angst ausstehen müssen, und war das dann ein glücklicher Tod?

Er mochte die Welt außerhalb des Codes. Er verstand sie nur nicht – deshalb vertiefte er sich gerne in Zeilen. Das war so aufwendig, so akribisch, daß die Welt dahinter versank. Für gewöhnlich jedenfalls.

Das Handheld stimmte »The Story of Hurricane« an. Er hatte es gleich in der Hand, Moira kam gleich zur Sache. Ob er von dem Projekt in München wisse?

»Sure«, erwiderte Krabach.

Ob er sich vorstellen könne, die Leitung zu übernehmen?

Sie ließ ihn atmen, vielleicht auch ihrer klaren, beherrschten Stimme nachsinnen. »Sure«, sagte er, zögernd.

Sie brauche seine Entscheidung bis morgen, sagte sie und legte auf.

Der Garten vor dem Fenster lag immer noch im Licht, prächtiger denn je. Eine Amsel bohrte ihren Schnabel in die feuchte Wiese.

München! Eine Sache, nach der sich die halbe Abteilung die Finger leckte. Nein, wenn er ehrlich war (und die anderen ehrlich waren!), dann nicht. *Er* leckte sich die Finger danach. Oder hätte es doch getan, wenn er nur auf die Idee gekommen wäre, daß er in Frage käme für ...

München! – Eine penible Sache, furchtbar aufwendig, bei der man richtig tief einsteigen mußte. Zehn Jahre alte Programme und Systeme, ein Ding für *elder statesmen*. Erforderte Umsicht, Erfahrung, kühlen Kopf.

Er sprang auf, schob den Sessel gedankenlos mit den Kniekehlen weg. Er brauchte Raum! Lief hinunter in den Garten. München!

Die Terrassentür war noch auf. Er mußte vergessen haben, sie zu schließen. Er hockte sich auf Christines Liegestuhl. Kalt war es plötzlich gar nicht mehr. Große Sache! – Interessant allerdings die Frage, wer da abgesprungen war. Wer hatte das Projekt eigentlich leiten sollen? – Also wieder rauf, im Intranet nachsehen. Und dann Laptop und Handheld aus für heute, aber endgültig! Vielleicht konnten sie abends feiern gehen, etwas essen, vielleicht in diesem neuen Laden, »Vivace« oder so.

Er nahm die Treppe im Sturm, zwei Stufen auf einmal,

die linke Hand flog übers Geländer. Die Verbindung hakte kurz, als er das Paßwort eingab. Das kam zu Hause manchmal vor – obwohl die Großgemeinde dafür gesorgt hatte, daß Glasfaser verlegt wurde. Immerhin war er nicht der einzige McWorthy-Mitarbeiter, der hier Steuern zahlte.

Hastig ging er die Projektliste der Abteilung durch (hoffentlich stand der alte Eintrag noch drin, Moiras Assistent Tim, den sie aus Zürich mitgebracht hatte, war meistens ziemlich flott mit so was), scrollte nach unten – da: München, Avenarius AG. Projektleitung: extern (Hans-Günter Kremers).

Er starrte eine Weile auf den Namen (halbwegs im Gefühl, ihn jederzeit unter Tims flinken Händen verschwinden zu sehen – aber die Seite refreshte gar nicht automatisch), und es fühlte sich immer besser an, immer richtiger, immer logischer auch.

Das hatte der Tod des Kollegen mit ihm zu tun, das war die Antwort, die er darauf zu geben hatte. Daß er München übernahm, das Projekt fortführte und weitermachte, im Gedenken an Hans-Günter, der nicht namen- und spurlos verschwinden mußte, sondern gleichsam abgelöst wurde von jemandem, der ihn gekannt hatte. Das war die Funktion der Mailingliste in der Geschichte.

Er schaute zum Fenster, sah den blühenden Garten (die Amsel war weg) und ging den Gedanken in alle Richtungen durch – er stimmte. Erleichtert klappte er den Laptop zu. Das beglückende Gefühl, alles richtig gemacht zu haben, überschwemmte ihn – wie immer, wenn er nach Stunden oder Tagen tiefster Ratlosigkeit einen Durchbruch geschafft hatte, der ihn auf ein weites Land voller unentdeckter Möglichkeiten blicken ließ.

Oben

Der Gott meines gegenwärtigen Universums unten zwischen Zubringer und Autobahn. Ich mit dem Team oben auf dem Dach des Lufthansa-Sky-Chefs-Gebäudes. Der Wind pfeift scharf durch die umlaufenden Geländer (anerkennend oder warnend). Schiffner-Sender – der sich einen ganzen Tag (!) Zeit für den Dreh genommen und den meine Chefs morgens auf Samt- und Glacéhandschuhen durch die Agenturräume getragen haben – ist bisher durchaus handzahm und geduldig gewesen. Wir haben ihn schon mit wehendem Schlips an der Dachkante eingefangen, wo er, landende Maschinen im Nacken, sein Textlein immer wieder versaute, bis ich es auf seinem Zettel auf das Allernötigste zusammenstrich.

Der Wind hakelt an Aufbauten und Antennen herum, fährt in die Windjacke von Erwin, dem Kameramann, und bläst Lars, dem Tonassistenten, auf die ohnehin schon rote Nase. Beide Arme um mich geschlungen und das dünne Jackett an mich gepreßt, sehe ich dem Vorstand unseres Großkunden zu, wie er zwischen den Fahrbahnen über die Böschung läuft und die Stelle sucht, auf die wir die Kamera eingerichtet haben.

Ein hochgewachsener Mann im Anzug auf einem Flekken Grün zwischen heftig befahrenen Autobahnen: Das muß große Entschlossenheit verkörpern, Bereitschaft für »going the extra mile«, wie er sie von seinen Mitarbeitern verlangt – oder, falls es schiefgeht, verzweifelt verloren aussehen. Je länger ich darüber nachdenke (obwohl ich ihn schon losgeschickt habe), desto mehr leuchtet mir der spontane Einfall aber ein. Vielleicht gefällt es mir auch einfach auf dem Dach.

Es ist jedenfalls nicht das Machtgefühl allein, das mir seine Verbannung auf die Erde einträgt – von dem habe ich ja vorher gar nichts ahnen können (oder doch?). Mein Einfall gefällt mir filmisch, es geht mir nicht um die räumliche Überlegenheit, um das freudige Gefühl, den Großkunden durchs Gemüse zu jagen. – Doch, ich gebe zu, es macht Spaß. Leider klappt aber die Einstellung überhaupt nicht – und deshalb frage ich mich jetzt, ob es mir (etwas Unergründlichem *in* mir) nicht doch um die Demütigung Schiffner-Senders ging.

Andererseits *lassen* sich diese Leute gar nicht demütigen. Zu einer Unterwerfung voller Niedertracht gehören immer zwei. Wer sich eine Demütigung anmerken läßt – und damit in letzter Konsequenz: wer sie überhaupt nur *empfindet* –, wird niemals Chef eines Dax-Konzerns. Nicht einmal eines ganz kleinen. Das (niemals gedemütigt zu wirken) ist eine Technik der Macht, und sie ist vollkommen unverzichtbar und unabdingbar: Man muß sich un-demütigbar machen. Nie wieder demütigbar sein! Ein feuchter Traum meines holden Seins.

Der einzige vielleicht etwas wacklige Punkt ist die Tatsache, daß Schiffner-Sender erst seit so kurzem Deutschlandchef ist, daß er abrupt berufen wurde – und daß er so lustig-neugierig-jungenhaft hinter seiner Brille hervorkuckt. Vielleicht hat er noch nicht die Härte und ich verscherze es mir mit ihm und er entzieht am Ende der Agentur die Position eines »preferred suppliers« (neun Zehntel unserer Jobs sind für McWorthy). Aber zu meinem eigenen Erstaunen habe ich es (offenbar) darauf ankommen lassen. Ich *mußte* es einfach tun – so sehr leuchtet mir mein Einfall ein und so wenig glaube ich mich arbeitsfähig, wenn ich anfange, Einfälle zu unterdrücken. Außerdem glaube ich fest daran, daß die geschuppten alten Vampire, die ihn in diese Position gehoben haben, schon wissen, was sie tun.

Schiffner-Sender irrt durchs Unterholz. Es sieht nicht so aus, als könnten wir ihn über die Funke, die er klobig und ungelenk in der Hand hält, an den Punkt des Gesträuchs dirigieren, auf den die Kamera eingestellt ist. Er versteht unsere Anweisungen nicht, und die Hälfte verpaßt er, weil er den Sendeknopf gedrückt hält oder sich das Gerät in dem lärmumtosten Gefilde zu weit weg von seinen Ohren befindet. Ich schicke Lars nach unten, damit er ihm die Stelle zeigt.

Wir anderen stehen derweil auf dem Dach und warten. Ich schaue mich um (was soll man in so einer Situation anderes machen, als sich umschaun?). Ich spüre die Macht, die der Deutschlandchef hat, an den Veränderungen durch seine Abwesenheit – alle wirken erleichtert und tänzeln plötzlich lässig unter den Wolken, als wären sie freiwillig hier.

So gut meine Idee auch ist, sie gefährdet den Drehplan. Wir haben noch zwei weitere Locations mit Schiffner-Sender abzudrehen, und jederzeit kann ihn ein Anruf erreichen, der ihn wegbeordert. Erwin war, auf seine unübersehbar-unmerkliche Art, von vornherein skeptisch, dem Special FX-Consultant Alex bin ich ziemlich selbstherrlich über den Mund gefahren, nun lassen sie mich erst mal machen. Der einzige, der daran glaubt, bin ich.

Das Dach ist wie das Deck eines Piratenschiffs (die »Lufthansa Sky Chefs Eagle of Death« oder so), über das der Wind weht, wie er will, die Zelte und Reflektoren zaust, das Equipment umwirft, an der Kamera ruckelt, den Sandsäcken zum Trotz. Mein Team, über die Deckfläche verstreut, genießt die Ruhe: Der eine zuppelt hier was, der andere beugt sich dort über ein ins Unergründliche sich öffnendes Flightcase, zwei (Alex sowie Bernd, der Produktionsleiter, der den ganzen Tag über noch gar nichts getan hat, außer ein paar Kisten schleppen) stehen unter dem windgepeitschten Partyzelt und halten Becher mit Kaffee in den Händen, denen sanfter Dampf entsteigt. Windjacken mit Pelzkragen an den Kapuzen.

Ich sehe auf die Uhr (wie ich immer auf die Uhr sehe: der einzige Anhaltspunkt im unbestimmbaren Dröhnen der Projekte), vergesse aber gleich wieder, was sie angezeigt hat, und fühle mich sauwohl. Schimmernd verschwimmt mir die Welt: halb Piratenschiff, halb Flughafendach, der unbeirrbare Visionär beruflich mit einem Bein im Nichts, falls das hier schiefgeht und Schiffner-Sender uns den Hahn zudreht. Ohne konkrete Verantwortung oder Arbeit in dieser Sekunde, von Flugzeugen umtost, die treuen Mitarbeiter betrachtend. On top of the world, Leute!

Das Machtgefühl in mir ist so stark (die Macht ist stark in dir, sagt, glaube ich, Yoda einmal, verblüffenderweise grammatisch korrekt, zu Luke), daß ich momentweise meine, die ganze Welt zu dirigieren. Düsenjets krachen aus den Bäumen (oder meinetwegen Wolken), weil ich es wünsche. In der Ebene dreht sich Frankfurt, die Schöne, und liegt mit ihren pittoresken Spitzen unter einem düsteren Wolkenheer. Jedes einzelne Auto befehlige ich, das auf einer der vielen Fahrbahnen einherschießt; sie alle spielen mir in die Hände, gehören zu meinem Plan! Mein Team gehorcht mir sowieso (und nutzt den Moment akuter Gefährdung durch

Drehplanänderung für kleine Plauschs und Selbstversenkung ins Equipment). Und jetzt gehorcht mir auch der Deutschlandchef, der Großkundenvorstand, der auf mein Geheiß da drüben tief unten durchs Gesträuch kriecht ... Kann es mehr Macht geben? Gibt es einen triumphaleren Moment? Ist *irgendein* Mehr überhaupt denkbar?

Zufrieden reibe ich mir die kühle Brust. Ich denke kurz an Barbara, die es sich jetzt wahrscheinlich auf dem heimischen Sofa mit einer *Brigitte* gemütlich macht. Wann, wenn nicht jetzt, wo mir der Wind eiskalt in den Kragen fährt und sich dicke Wolken über Frankfurt/Main ballen, wäre ich denn einmal oben? Ich hab mir einen Palast gebaut aufs Dach des Airports: Einen Palast der Winde! Einmal eingezogen, werd ich ihn nie mehr verlassen! Herr des Himmels überm Frankfurter Kreuz – ich mache, was ich will, und niemand, niemand kann mich stoppen. Auch der wichtige Mann auf dem Gelände drüben nicht! (Und wenn das Machtgefühl nur das Überschießen der Angst ist, die sich in ihr Gegenteil verkehrt?)

Unten vor dem Gebäude taucht der Assistent im flatternden Windbreaker auf. Er muß eine Lücke im Verkehr abwarten, um auf die Böschung zu gelangen. Schiffner-Sender steht auf dem sanften Hang herum, hat die Arme sinken lassen, in der einen Hand das Funkgerät, in der anderen den Zettel mit dem Text. Als er aufblickt, versteht er die Gesten nicht, mit denen ich ihn auf Lars aufmerksam zu machen versuche, und antwortet mit dem Hochziehen beider Schultern. Ist ja aber auch egal.

Brüll, brüll, brüll, machen die Autos. Der Wind hat auch wieder aufgefrischt. Hinter uns bricht ein Transatlantikflieger viermotorig aus dem Wald.

»Er versteht's nicht«, sagt Erwin und reckt das Silber und Grau von Schläfe und Kinn.

»Laß mal. Lars ist ja gleich bei ihm.«

Einen Augenblick lang sehen wir stumm hinunter auf den in seiner aufgeblähten Jacke in Sprinterhaltung dastehenden Assistenten, und diesen Augenblick lang habe ich Angst, der Junge werde sich überfahren lassen und mir den Dreh komplett versauen. Kurz darauf jedoch überquert er im Laufschritt die Straße und bringt die jenseitige Leitplanke zwischen sich und den heranrasenden Schub frischer Wagen.

»Na, denn«, sagt Erwin, kratzt sein Metallic-Kinn und geht zu seiner Kamera zurück.

Lars führt Schiffner-Sender in die Nähe der Stelle, die im Zentrum der Kadrierung liegt. In die Nähe. Anscheinend ist die Sache vor Ort vertrackter, als es von unserem Beobachtungsposten aus aussieht. Was von oben ein dramaturgisch perfekter Hotspot ist, verliert sich für Lars offenbar unterschiedslos im Gemüse.

»Wir sollten die Zeit ein bißchen im Auge behalten«, sagt Erwin, der Metallische, leise. »Das Licht, weißt du.«

Ich werfe einen ziellos schrägen Blick zum Horizont, der nicht einmal die Schleppe der Sonne streift. Trotzdem von milder Panik erfaßt (zwei Locations stehen noch aus), rufe ich ins Funkgerät: »Bleibt da! Bleibt einfach da stehen!«

Erwin blickt durchs Objektiv, löst die Verschlüsse der Kamera, richtet sie neu aus und fragt: »Wie wäre das?«

Ich suche und finde den Schalter des Referenzmonitors. Als das Bild aufflammt, überläuft ein kalter Schauer der Enttäuschung meine Kopfhaut. »Ja. So machen wir's. Ich sag Lars Bescheid, daß er aus dem Bild geht.«

Auch das aber ist, sehen wir, schwieriger als gedacht. Minuten vergehen, bis Lars den Bildausschnitt verlassen hat. Er muß zwar nur rund zwanzig Meter Luftlinie zurücklegen, doch das Gelände, dessen Bewuchs weit dichter ist, als es vom Dach aus scheint, fordert ihm immer wieder Umwege ab (und zu meinem Bedauern muß ich einsehen, daß es nicht an der Ungelenkheit des Softwarechefs allein gelegen hat). Anschließend darf Lars seinen Zickzacklauf noch einmal in umgekehrter Reihenfolge wiederholen, weil er vergessen hat, Schiffner-Senders Funkgerät mit aus dem Bild zu nehmen.

Der steht jetzt inmitten der Böschung zwischen den Fahrbahnen, umgeben von beliebigem Gebüsch und Gestrünk, und blickt aus seinen blauen Augen zur Kamera auf. Er scheint unendlich weit entfernt, ein Pünktchen im Anzug in einer Schrägdraufsicht zwischen Asphalt und Alibigrün, Brachland eben, das seinen winzigen Mund bewegt. Die Sonne scheint ihm ins Gesicht, und er kneift – das sieht man auch aus der Entfernung noch deutlich – beim Sprechen immer eines seiner Augen zu, wodurch sein ganzes Gesicht etwas Schiefes und Gepeinigtes bekommt (mehr, als mir recht sein kann). Zudem versetzt der Wind auf dem Dach der Kamera kleine Stöße und ruckt zuweilen so beharrlich an ihr, daß das Bild auf dem Referenzmonitor sekundenlang bebt. Bei diesem Zoomfaktor nutzen die Sandsäcke nichts, die das Stativ beschweren.

Schiffner-Sender sagt sein Sprüchlein auf. Dann blinzelt er in die Sonne, ohne zu wagen, die Hand als Schirm an die Stirn zu legen, da er nicht weiß, ob die Kamera noch läuft, und wir ihm eingeschärft haben, am Ende jedes Takes zu *freezen*. Wie ein verdrossener Beter schaut er nach oben, auf das schlanke dreibeinige Kästchen auf dem Dach gegenüber, neben dem zwei vorgebeugte schemenhafte Gestalten stehen, der Metallische und ich, die Herren des Himmels.

»Okay«, sage ich, mit aller Kraft um den Anschein von Unerschütterlichkeit bemüht. »Wir machen das noch mal. Dieselbe Einstellung, vielleicht wackelt es jetzt an anderen Stellen. Laß einfach laufen ...«

Erwin nickt sein ausgefeilt ausdrucksloses Nicken, mit dem er seine wahren Gefühle zu verbergen glaubt. Ich greife zum Funkgerät und sage Lars, er solle Schiffner-Sender bitten, seinen Text noch einmal aufzusagen. Dann sehen wir zu, die Kamera läuft, das Bild auf dem kleinen Monitor wackelt mal, wackelt mal nicht, wie der Assistent durchs dichte Gestrüpp geht, in Kurven und Mäandern, deren Notwendigkeit von oben nicht einzusehen ist, die willkürlich gewählt scheinen, als wäre Lars verrückt geworden oder wollte uns da oben mit seinem Zickzackkurs ein bißchen frotzeln, bis er endlich Schiffner-Sender erreicht und ihm, respektvoll mit den Armen fuchtelnd, die neue Anweisung gibt. Wir sehen zu, wie der Assistent zurück an seinen Standort außerhalb der Szene strebt, wobei er zweimal stolpert und hinfällt, und das Bild auf dem Referenzmonitor für einen Augenblick zu völligem Stillstand kommt, dann aber wieder zu zittern beginnt, als wäre die Kamera ein schwerer Trinker auf dem Trockenen; wie Schiffner-Sender den zerknüllten Zettel aus der Anzugtasche zieht, entfaltet und, das Papier mit beiden Händen haltend, gegen den Wind und den Sturm der tosenden Autobahn abermals seinen (gekürzten) Text überfliegt. Dann beginnt der Vorstand sein Mantra ein weiteres Mal aufzusagen, wobei er die winzigen Lippen wieder wie zitternd bewegt und ihm die

Haare mal zu Berge stehen, mal in die Stirn gedrückt werden (die Krawatte haben wir ihm mit Sicherheitsnadeln befestigt), inmitten des Autolärms, der immer wieder bösartig auffrischenden, geradezu lustvoll einherbrüllenden Winde und des Getöses der auf der anderen Seite des Dachs plump und präzise niederkommenden Maschinen.

Natürlich war die Einstellung hinterher unbrauchbar, aber ich verwendete trotzdem ein paar Frames im Schnitt, weil ich mir von niemandem vorwerfen lassen wollte, ich hätte Schiffner-Sender umsonst an diesen höllisch gefahrvollen Ort gejagt.

Tanzbär

Die beiden Krankenschwestern auf der Bühne beugten die Hüften, gingen in die Knie und schwangen die rechten Arme aus, während die linken mit den Oberkörpern verlockende Dreiecke bildeten. Es sah aus, als wollten sie etwas vom Boden aufwischen, aber das war bloß Koketterie, und sie kamen, ebenso schwungvoll lächelnd, mit leeren Händen wieder hoch.

Am Rand der Tischreihen standen Frauen, blickten leise wippend auf die Bühne und erwarteten von dort ein Signal, das ihre unabwendbare Überwältigung verzeihlich machen würde. Der Saal war in ein diffuses, bläuliches Licht getaucht, das aber nicht kalt, sondern irgendwie anregend wirkte. Die meisten Gäste saßen an den mit weißen Baumwolldecken verhüllten Tischen und versuchten sich zu unterhalten. Relationale Datenbanken, Segeln, Absatzmärkte, Speisen hier und weltweit. Auf der Tanzfläche verloren sich ein paar unbedachte Damen in Versandhausblusen (Gesandte kleiner Provinz-Softwarehäuser, denen die Gala zum Abschluß der dreitägigen Software Academy wie eins der vielen jährlichen Dorffeste vorkam) und ein paar Männer, die von dieser Vorurteilslosigkeit zu profitieren hofften.

Die Frauen am Rand der Tischreihen wiegten sich dezent in den Hüften, knickten minimal in die Knie und schwenkten möglichst unauffällig – oder sagen wir besser: unverbindlich – die Unterarme. Tanzabsicht bestand, ja, aber es waren noch einige Präliminarien zu klären. Sie warteten auf eine Art Erlaubnis, die Arbeitsanspannung abzuwerfen, von der sie sich den Tag über hatten beherrschen lassen. Sie zeigten ihre Überlegungen an, signalisierten ihr Vorhaben, noch ohne sich zu committen, um sich über die im Raum vorhandene Zustimmung zu informieren. Ihre Körper wetterleuchteten. Sie wollten sicher gehen, daß das Tanzen in diesem Rahmen unternehmensstrategisch in Ordnung ging. Die erhobenen Gesichter sorgfältig auf Ausdruckslosigkeit getrimmt und blicklos auf einen unbestimmten Punkt oberhalb der Bühne gerichtet, horchten sie in sich hinein, als wäre ihnen nicht klar, worauf ihr Körper mit all dem Zucken hinauswill. Wenn diese Pulke allgemeiner Verschämtheit eine kritische Masse erreichten, würden die jetzt noch verhalten Wippenden zweifellos glauben, von der Macht ihrer Gefühle überwältigt zu werden, und wie entfesselt auf die Tanzfläche strömen.

In seiner rechten Jackettasche stieß Gisbert Schöns rechte Hand zu diesem Zeitpunkt überraschend auf zwei lautlos klimpernde, klingelnde Dinger, die ihm fröhlich über die Finger zu hüpfen begannen. Er hatte die Hand aus Verlegenheit im Jackett versenkt und war hocherfreut, dort etwas vorzufinden, das ihn vom Treiben im Saal ablenkte: der schamlosen Band, den schamhaften Frauen, dem unbestimmbaren Licht, der unbeirrbaren Musik. Sie mußten noch von Onkel Erwins Beerdigung sein. Seine Mutter hatte auf Manschettenknöpfe bestanden (Erwin besaß Aktien). Jetzt beruhigte ihn ihr kleines Geklimper zwischen seinen Fingern wie ein Paar winziger japanischer (oder chinesischer?) Meditationskugeln, doch als sich die Wärme seiner Haut auf das Metall übertragen hatte, zog er die Hand wieder aus der Tasche heraus.

Die Musik, der ganze Aufzug hier erinnerten ihn peinlich an das sogenannte Rundzelt auf Sylt, wo während der Klassenfahrt in der achten in einer von kreisförmig angeordneten Zuschauerbänken eingefaßten Manege allabendlich eine Disco abgehalten worden war. Jeden Abend wieder hatten sie mit perfider Berechnung zum Abschluß »I was made for loving you, baby« gespielt und jeden Abend wieder hatte ihm dieses Lied (mit der unerträglichen Spannung seiner sehnsuchtsvoll aufsteigenden und gewißheitsnüchtern absteigenden Melodie) erhebliche Qualen bereitet. Mit jedem Takt, den es, herzpochend, schweratmend, voranschritt, war das unwiderrufliche Ende des Discoabends näher gerückt, und damit auch das unwiderrufliche Verpaßthaben der Chance, die zu finden, für die *er* gemacht war (oder wenigstens eine aufzufordern, um sich selbst zu beweisen, daß er kein gottverdammter Feigling war und jedenfalls die Aussicht bestand, sie eines Tages zu finden).

Er ging in langsamen Schritten um den Saal herum, in dem es blinkte und waberte, dröhnte und plapperte vor schwitziger Verhaltenheit. Er betrachtete die IT-Angestellten, die an den Tischen saßen, meist zu fünft oder sechst, und die Köpfe zusammensteckten. Er sah die leeren oder fast leeren Tische, an denen nur noch einer saß, zurückgelehnt ins Nirgendwo oder über die Tischdecke gebeugt. Und er sah die Leute, die aufgestanden waren und mit Blick auf die Tanzfläche wippten und auf eine Anweisung zu warten schienen, eine letzte Bestätigung, daß man sich unter all diesen Kollegen und Konkurrenten jetzt tatsächlich ein bißchen gehen lassen durfte.

Die Band auf der Bühne tat ihr Bestes. Die Backgroundbräute verrenkten sich in ihren unterkalkulierten Kitteln, die jeder zuckende Hüftschwung in fast epiphanische Höhen schob. Der Sänger, ein magerer Schlangenmensch mit dichtem Brusthaar und tiefgeschnittener Glitzerbluse, grinste und schnalzte und klimperte mit den Augendeckeln – jeder wußte, was er meinte. Der Baß wummerte und dröhnte und fuhr allen mächtig in die Glieder. Sie spielten Diskosongs aus den Siebzigern und Achtzigern, die Gisbert nicht im einzelnen, sondern nur vom Stil her kannte; alles mit einem unverwechselbaren Touch ins Schmierige, Anzügliche, brachial Sexuelle.

Er versuchte sich klarzumachen, wo seine Position in diesem Geschiebe war. Einerseits war diese Aufreißermucke fraglos inakzeptabel, andererseits konnte er nicht wie ein Senior Analyst die Nase rümpfen und so tun, als ginge ihn die Stammhirn-Anmache nichts an: das blau-rote Licht, die Krankenschwestern, denen die Heilmittel paarweise aus den großzügigen Revers quollen, die grinsende graue Brusthaarschlange, die nach jeder Zeile so tat, als ob sie jemandem im Publikum mit unwiderstehlichem Blick bis ins Höschen drang.

Offenbar ist diese Animation nötig, dachte er, um die professionellen Panzer aufzubrechen. So dick aufgetragener Sex-Schmalz, so unverhohlene Gassenerotik, damit verschüchterte Nerds wie er und staubtrockene Datenbankexperten aus ihren knöchernen Schalen krochen.

Die Band war von einem der beiden Inhaber der für die Gala zuständigen Veranstaltungsagentur gebucht worden, dessen erklärtes Ziel es war, sich mit fünfzig zur Ruhe zu setzen. Er hatte den ganzen Abend geplant und organisiert, das Essen, das Ambiente und die Show (und die Abnahme durch die Bauaufsicht), und er hatte sich dabei von einer profunden Kenntnis auch der unausgesprochenen Wünsche seines Kunden leiten lassen und nicht im Traum daran gedacht, Kompromisse zu machen.

War das (fragte sich Gisbert, der von alldem nichts wußte) die Liebe, wie die Firma sie sah? Ein notwendiges schäbiges Übel, das man dem Volk hinwarf wie fettiges Brot oder unverschnittenes Opium? War es wirklich nur mit plumper Anzüglichkeit zu bewerkstelligen, daß die Tünche der Zivilisation abfiel? Und war das scheinbar befreite Aufglänzen der Gesichter auf der Tanzfläche nicht schlicht eine kommerzielle Lüge?

Es war alles so unpassend. Erst eine Breakout-Session über die kommende Cloud-Technologie, dann ein Schwof, der – abgesehen von den Anzügen und Kostümen der Tanzenden (aber da und dort fielen jetzt schon die ersten Jacketts und brachten frischgebügelte Hemdrücken zum Vorschein) – in jedes verheulte Weindorf seiner Heimat gepaßt hätte. Schon damals hatte er immer nur eine Weile abseits gestanden, bevor er sich (wenn niemand rübersah: kopfschüttelnd) durch das verpißte Dunkel zwischen Festzelt und Weinständen davongemacht hatte, erleichtert und tief enttäuscht zugleich.

Es gab hier kein richtiges Verhalten. Nur peinliches Sotun-als-ob. Ganz gleich, ob man Erhabenheit über die tierischen Triebe spielte oder vorgab, ganz unbedarft seinen Instinkten zu folgen. Beides war offenkundig nicht wahr; beides war dieselbe Art verschwörerischer, einverständiger Ironie. – Doch wenn er sich jetzt voller Abscheu von der Tanzfläche abkehrte, würde er dann nicht wieder nur in der Einsamkeit des Hotelzimmers enden (einem mittlerweile auch schon sattsam vertrauten Zustand)?

Hätte man in diesem Moment ein magisches Periskop kopfunter in Gisberts Inneres abgesenkt, hätte man gesehen, wie die Schallwellen seine erregbaren Nervenenden kitzelten und wie sein von sinnlichen Eindrücken belagertes Hirn in Panik allerlei Erinnerungen heraufbeschwor, schnell wechselnde Bilder, die kaum sein Bewußtsein berührten: Der Kuß mit Marie hinterm Festzelt und wie sie zwei Minuten später und ein paar Büsche weiter ihre Zunge in diesen Holzfäller steckte. Die sehnsuchtsgraue Dorfstraße, die sich an einem Nebelnachmittag unter dem Fenster seines Zimmers ins Ungewisse erstreckte. Das Mädchen, das ihm in der Mittelpunktschule eine kleine Kritzelei zusteckte, die ihn vorstellen sollte (mit seinem langen Strickschal) und mit einem Herzchen versehen war. Den Tag im Grundstudium, an dem ihn in einem hoffnungslos überfüllten Labor ein Blick aus einer Schutzbrille traf, dessen Inhaberin er zwei ganze Semester hindurch vergeblich ausfindig zu machen suchte.

Die Bühne war jetzt in ein sattes, beinahe schon goldenes Gelb getaucht. Die Glitzerperlen auf den Anzügen der Musiker funkelten betörend. Schweiß glitzerte auch, auf der Stirn des Schlangenmannes wie auf den Wangen der Tänzer auf der jetzt gut gefüllten Tanzfläche. Viele posierten haltlos übertrieben, als wären sie gewiefte Disco-Profis, als würde hier gerade *Disco Fever 2* gedreht, als besäßen sie in allen Lebensbereichen stets umfassende Top-Kompetenz. Heißer Neid stieg in Gisbert auf. Wenn er nur eine Sportverletzung vorzuweisen hätte, einen Skiunfall mit Bänderdehnung oder so was, um sich aus diesen unkalkulierbaren Verbiegungen herauszureden!

Er tastete sich, innerlich widerstrebend, zwischen den

Tischen nach vorne, vorbei an ein paar Damen, die erstaunlicherweise immer noch, obwohl die Tanzfläche mittlerweile proppenvoll war, bloß herumstanden und sehnsüchtig wippten (und offenbar auf die berühmte Extraeinladung hofften), schlug einen Bogen um eine Gruppe schlaksiger Werkstudenten, die am Rand des Geschehens zaghaft eckige Halbbewegungen übten wie Roboter mit spasmischer Fehlfunktion, und schritt, von ihrer quälenden Erstickheit angefeuert, durch zwei oder drei Reihen von Tänzern hindurch zu einem freien Fleckchen zwischen ihnen, wo er von außen praktisch nicht zu sehen war. Um ihn schlenkerten Arme und Hälse, als wollten die Kollegen ihre Gliedmaßen von sich werfen, Knie bockten, Ellbogen stachen, Köpfe fuhrwerkten in der heißen Luft herum. Busineßhemden erstrahlten im Licht und Bügelfalten zerplatzten.

Der haarige Schlangenmensch auf der Bühne streckte den Oberkörper vor, schob sich halb über den Bühnenrand und röhrte in sein Mikrofon, als hätte er die Meute jeden Moment so weit, Anstand und Arbeitgeber zu vergessen und in jenen vorzeitlichen Dschungel zurückzukehren, der das Paradies gewesen sein mußte, ehe er wieder unter seine Musiker zurückschnellte, seine Hüfte zweimal gegen die der Krankenschwestern *bumsen* ließ und den ausgestreckten Zeigefinger über den Kopf erhob.

Gisbert stand einfach da im Licht, das über seinen widerstandslosen Körper fuhr: weiß und grün aufleuchtende Spots, flackernde Stroboskope, inmitten von Leuten in Anzügen und steifgebügelten Hemden, die tagsüber wahnsinnig wichtig getan hatten und jetzt wahnsinnig Spaß hatten, die grinsten, sich beugten, die Arme in die Luft warfen, jubelnd wie Sieger, die in ihren Lederschühchen auf den

Boden stampften, die *fein* blieben und dennoch vorbildlich *ungehemmt*, inmitten der schwingenden Pos in Prada und Versace, der verrutschten und zunehmend weiter verrutschenden Blusen, verschwitzten Dekolletés, in ihm die sehnsuchtsgraue Dorfstraße, das Rundzelt und der lange Strickschal, während die Lichtflecken der Diskokugel über alles trieben wie Sonnenschein über einen Urwaldstrom.

Erst nach ihm endlos vorkommenden Minuten des Verharrens und der Verweigerung fiel ihm ein, daß man ihn zwar von außen kaum sah, sich aber auch auf der Tanzfläche durchaus Bekannte befinden konnten. Und er begann, zuckend die Hüften zu bewegen, setzte zögernd einen Fuß vor den anderen, hob und senkte seine Unterarme. Er tanzte, er tanzte tatsächlich – und war das nicht ein Glück, eine wohltätige Befreiung in ein neues, ganz und gar unvorhersehbares Leben hinein?

Typologie

Er fährt in einem Taxi, er sitzt an einem noch nicht ganz fertiggestellten Teich. Dann wieder Meetingräume, große und kleine, so eingerichtete oder so eingerichtete. Ausblicke aus Fenstern auf einen Hinterhof, einen Campus, einen Anfahrtsplatz, auf begrünte Flächen, eine Straße oder einen Parkplatz. Was soll er sagen, soll er tun? Zuversichtlich »Guten Tag« sagen, aufstehen und entgegenkommen, die Hand ausstrecken, fest zugreifen, nicht zu fest. Ein strahlendes, zahnendes, von ehrlicher Hoffnung erfülltes Lächeln im Mund, je nachdem. Aufrichtig sein, freundlich wirken. Umgekehrt. Gut vorbereitet sein, die Unterlagen jetzt ausbreiten auf dem silbrigen Tischlein vor ihm oder den Beamer anwerfen, den Bildschirm drehen. Hat sein Gesprächspartner etwas zu sagen, will er die Unterlagen sowieso nicht sehen. Er weiß selbst, wie man Unterlagen aufbereitet. Er weiß schon, daß da nur überzeugende Fakten drinstehen – statt dessen hat er ein bis zwei überaus konkrete Fragen, die will er beantwortet haben, und zwar ebenso handfest und konkret. Keine Details, höchstens ein einziges, ganz bestimmtes. Nur das Wichtigste. So setzt ihm sein Gesprächspartner die Pistole auf die Brust: Er hat jetzt zwei bis drei Minuten Zeit, dann hat der Deal geklappt und sie lehnen sich beide zurück und reden unverfänglich über andere Sachen, Fußball, Politik, und Frau Schubert oder irgendwer macht die Papiere fertig – oder der Deal hat nicht geklappt und er ist schon hinausgeflogen, obwohl er noch da sitzt, und fängt an, seinem Gesprächspartner die Zeit zu stehlen. Dieses Unbehagen dann auf dem eben noch so bequemen Stuhl! Es tut ihm leid, er hätte es gern besser gemacht, den anderen gern überzeugt, seine Frage zur Zufriedenheit beantwortet. Aber geradeheraus schwindeln kann man nur bei bestimmten Dingen, bei anderen fliegt es auf und bringt unweigerlich Ärger. Er steht so bald wie möglich auf (so bald es ohne Ansehensverlust für ihn und seinen Gesprächspartner möglich ist), drückt seinem Gegenüber höflich die Hand und entzieht sich unter Entschuldigungen und Verweis auf dringliche Termine dessen nachsichtig-abschätzigem Blick, so als hätten sie nur eben so geredet und nicht über einen Dreißig- oder Fünfhunderttausend-Euro-Kontrakt.

Draußen flattern kleine weiße Schmetterlinge wie Gefangene in den Hecken am Direktionsparkplatz, und im Vorzimmer steht Frau Schubert oder wer an der Espressomaschine (Frau Schubert hat wahrscheinlich einen Magister in Geisteswissenschaften, das geht ihm so nebenbei durch den Kopf) und schaut erstaunt zu ihm auf, als er hereinkommt. Er lächelt entwaffnend selbstironisch, fast schulterzuckend, aber nur fast, er will sich schließlich die Tür nicht für alle Zeiten zuschlagen, sondern irgendwann wiederkommen dürfen.

Ärger und schwieriger ist es, und öfter der Fall, wenn sein Gesprächspartner in Wahrheit nichts zu sagen, oder genauer: allein nichts zu entscheiden hat. Dann sieht sich der Mann alle Zahlen und Grafiken ganz genau an, blättert unermüdlich angeregt in den Unterlagen und findet immer neues Zweifelhaftes, Interessantes oder Klärungheischendes. Oder er hat sie sogar schon vorher durchgearbeitet und eine Liste mit seinen Fragen und Anmerkungen erstellt, die er auf seinem Laptop oder Arbeitsplatzrechner aufruft und, ihm den Bildschirm großmütig zudrehend, Punkt für Punkt mit ihm durchgeht.

Es wird dann ein langer Tag, ein Meeting, wie man es sich vorstellt, an dem alles dran und in dem alles drin ist, Frage und Antwort, Scherze zur Auflockerung, eingehendes expertenhaftes Gespräch, tiefgehende Schilderung der Geschäftsinteressen und -probleme undsoweiter, nur daß es eben nichts bringt, nichts entschieden wird. Man hat einen ordnungsgemäß abgehakten Arbeitstag auf dem Zettel, aber keinen müden Cent verdient. – Ach, am liebsten würde er immer nur mit Geschäftsführern sprechen!

Es gibt natürlich dritte Möglichkeiten, Verwirrungen der Typologie, ärgerliche Aberrationen, Sonderfälle, Abseitigkeiten – die aber oft genug doch wieder auf das Bekannte hinauslaufen, so daß man sie hier getrost unterschlagen kann; im Wesentlichen war es das, was ihn ausmacht, sein Leben bestimmt, Tag für Tag oder Woche für Woche, samt all der Vorbereitungen, Telefonate, Buchungen und dem ganzen Backoffice-Quatsch.

Seit stolzen zehn Jahren nun immerhin schon – erst hier und dann da, aber ansonsten, inklusive der sich natürlich ständig ändernden, wie Schmetterlingsflügel flatternden Details der immer neuen Verkaufsoffensiven, Lösungsstrategien und Quotierungskämpfe, immer dasselbe, europaweit.

Um das Vodafone-Hochhaus in der Canary Wharf in London (beispielsweise), am neuen Hafen, weht auf drei Seiten ein scharfer Wind um die Ecken; an der vierten Seite stehen die Raucher. Jemand hat einen mildtätigen Aschenbecher an der Außenwand angebracht, der schon um die

Mittagszeit überquillt. Auf jeder dritten oder vierten Etage gibt es eine Sitzecke aus zwei oder drei Sofas und einigen Sitzkissen, die vor einem großen Plasmabildschirm aufgestellt sind, an den eine Playstation angeschlossen ist.

In der IT-Abteilung eines Schweizer Handelskonzerns ist man darauf verfallen, den Mitarbeitern den Zustand der Geschäftsprozesse vermittels symbolisierter Sonnen, Wolken, Regenschauer augenfällig zu machen, und äußerst stolz auf diese Idee. In der Direktionsetage eines Büromaschinenherstellers in Paris gab es bis vor ganz wenigen Jahren noch eine Direktionskantine, in der einem livrierte Herren die Teller auftrugen.

Bei seinem ersten Termin in England nahm er von Heathrow ein Taxi zu der etwa siebzig Kilometer entfernten Niederlassung eines Kunden und zahlte dafür deutlich über hundert Pfund. Daß er einen Fehler gemacht hatte, merkte er nachmittags, als er am Empfangsdesk im Foyer darum bat, ihm ein Taxi für die Rückfahrt zu rufen. Die Frau und der Mann, die dort saßen, beide jünger als er und schlank und sportiv, sprangen erschrocken auf und versicherten mit beschwörend erhobenen Händen, sie würden ihm einen preisgünstigeren Wagen besorgen. Eine Viertelstunde später holte ihn kein schwarzer Kasten mit Taxischild, sondern ein weißer japanischer Kleinwagen mit langer Antenne ab, und er dachte an die in Deutschland übliche Unterscheidung von Taxi und Minicar, die er auch nie so recht begriffen hatte. Die Rückfahrt kostete knapp mehr als halb so viel, und er rechtfertigte sich in der Firma, er habe zwar einen Fehler gemacht, aber offensichtlich bereits daraus gelernt.

Ein andermal schlief er in einem solchen Wagen, der mit über hundert Meilen pro Stunde, damit er seinen Flug noch erreichte, nach Heathrow oder Gatwick rauschte, auf dem Vordersitz bei gekippter Rückenlehne neben dem auf der falschen Seite angebrachten Fahrer einfach ein und genoß, während der Wagen spurenspringend durch den mitteldichten Verkehr auf der M5 oder 6 auf London zufuhr, bei halb herabgelassenem Fenster im Sonnenschein den besten Säuglingsschlaf seines Lebens.

Im Grunde war's das, im Wesentlichen ist's das, was es über sein Leben zu sagen gibt, wenigstens im Moment. Natürlich sind da noch Sehnsüchte, Träume und Erinnerungen, Abweichungen und Abseiten, aber die spielen im Moment keine große Rolle, dafür ist einfach keine Zeit – vielleicht auch: ist einfach nicht die Zeit.

Vielleicht kommen sie wieder, oder bleiben auf ewig verschwunden. Er weiß es nicht, er denkt nicht groß daran. Rädchen in einer Maschine, denkt er. Einer sehr großen, sehr schwungvollen, bei der man sich wirklich anstrengen muß, um Rädchen zu bleiben und sich mitzudrehn. Aufgeben kommt für ihn nicht in Frage, kam es nie. Auf dem Rückflug sieht er sich auf dem Laptop einen Spielfilm an, Küsse im Dunkeln, Regen, eine Stadt.

Seine Erfahrung ist die: Je höher man in die Chefetagen kommt – unabhängig von der Größe des Geschäfts, der Zahl der Mitarbeiter, dem Umsatz –, desto mehr zählen grobe, große Linien, und Details werden als selbstverständlich vorausgesetzt. Daß das ein Herrschaftsinstrument ist, ist ihm klargeworden: Die Chefs geben die Richtung vor (was schwierig zu sein scheint, jedenfalls allen anderen völlig unmöglich), respektieren und zuweilen fürchten jedoch die Detailkenntnis der Mitarbeiter; und die Mitarbeiterschaft macht sich mit frettchenhaftem Eifer (oder ohne) daran, für die notwendigen, selbstverständlichen Details zu sorgen.

Er sieht auf die Uhr. Sie zeigt ihm eine Zeit an, die er gleich wieder vergißt. Er ist auf Kurs, mehr merkt er sich nicht. (Wenn ihn jetzt jemand fragen sollte, ein Mann mit Zeitung, der hinter dem Zeitungsstand hervortritt, oder eine junge Frau mit verspiegelter Sonnenbrille, wird er noch mal auf die Uhr sehen müssen. Aber es fragt ja auch niemand mehr nach der Zeit.) 14 Uhr, 10 Uhr, 9 Uhr 30, 17 Uhr – für irgendwann sind Termine angesetzt, und zu dieser Zeit hat er da zu sein, und mehr als diese Punktlandung interessiert ihn nicht; also immer nur der zeitliche Abstand zum Punkt X und die räumliche Entfernung vom Ort Y, und die Wege und Verkehrsmittel und Geschwindigkeiten dazwischen. Tageszeiten sind dagegen ohne Belang: Es ist immer bloß »t minus x«, wie man in Blockbustern zu raunen pflegt, immer nur soundso viel Stunden oder Minuten vor dem nächsten Termin, selbst wenn er gerade die Tür eines Sitzungssaals hinter sich zugeschlagen hat.

Auf den Bahnhöfen mittelgroßer Städte steckt er sich manchmal eine Zigarette an, die er von einem Mitreisenden schnorrt, und genießt es, sich den Anschein zu geben, er sei ein aus Streß rückfällig werdender Entwöhnter.

Sein Vorname wird übrigens in verschiedenen europäischen Ländern jeweils anders ausgesprochen, was ihm immer wieder kleine amüsierte Momente verschafft. Manche Gesprächspartner fragen ihn nach der Aussprache, was ihn dann verwirrt und in Verlegenheit bringt. Die Antwort »Wie Sie wollen« ist ein bißchen *zu* anbiedernd. Also hat er sich für jedes Land die typische, meistverwendete Aussprache gemerkt und bietet sie dann an – und nur, wenn sie seinen Namen wie zu Hause aussprechen (auch Einkäufer, IT-Leiter und Geschäftsführer haben zuweilen Fremdsprachenkenntnisse oder irgendein abseitiges Studium – Literatur! – hinter sich), fühlt er sich unangenehm persönlich oder intim berührt und schwimmt eine Weile und braucht etwas Zeit, um das Gespräch und sich wieder in die richtigen Bahnen zu lenken.

Dieses Vexierhafte seines Vornamens ist ein gewisser Schutz, den er dankbar akzeptiert, ein kleiner Wissensvorsprung vor dem Gegenüber (er weiß mehr, auch wenn es nichts bedeutet), den zu verbergen ihm eigentlich niemand übelnehmen kann.

Er sieht auf die Uhr. Es ist immer noch nicht später als eben, das heißt: Entfernung und Zeit befinden sich nach wie vor im selben, dem richtigen Verhältnis zueinander, zurückzulegende Strecke s durch verbleibende Zeit t ergibt immer noch denselben Wert wie vor ein paar Minuten oder Stunden (die Steigung der ersten Ableitung ist null). Er kratzt sich am Kopf, mehr aus Verlegenheit, überhaupt etwas zu tun, eine menschliche Regung zu zeigen, nicht *nur* Maschine zu sein, Rädchen. Sein Haar fühlt sich kurz an unter den Fingernägeln, und einen Moment lang meint er, den beginnenden silbrigen Schimmer spüren zu können, sieht ihn zumindest vor seinem geistigen Auge vor sich.

Dann sitzt er an dem spiegelnden Teich auf einem werdenden Campus, noch nicht fertig, genausowenig die Bürogebäude im Norden. Aber das Wasser schon eingefüllt in die Becken – die Lampen über den Bänken noch nicht angeschlossen, Kabelenden ragen aus den Bodenplatten –, das Gras schon ausgelegt und gemäht, und tatsächlich, es ist Mittag, flattert schon die erste Ente an. Er fühlt sich nicht mehr alleine, er fühlt sich geborgen und am richtigen Ort, während die Ente (vorsichtig?) wassert und er selbst auf die Uhr sieht.

Seine Frau und Kinder – momentweise ist er nicht sicher, ob sie überhaupt existieren: ? – ach ja, richtig, Sabine und die beiden, Lutz und Hanna – sind jetzt irgendwo in fernen Landen in einem modernen Reihenhaus mit Alltagsdingen beschäftigt. Sie leben wie in einem Traum, sind Teil einer Traumwelt, jedenfalls aus seiner jetzigen Sicht. Sabine sorgt gut für die Brut; sie gibt ihm keinen Anlaß zu klagen. Lutz ist gut in Mathematik und Hanna noch zu klein für irgendwelche besonderen Fähigkeiten. Er weiß nicht, was er für sie hoffen soll, das gilt für beide. Er hofft, daß zu Hause alles ruhig ist und seinen gewohnten Gang geht. Er braucht ein ruhiges Hinterland.

Der kleine Mitarbeiter ihm gegenüber wühlt sich noch immer durch die Spezifikationen. Damit verbirgt er nur, daß er nichts zu entscheiden hat – es tut seinem Stolz gut, ein kritischer Kunde zu sein. In Wahrheit wird über den Kauf der Produkte und Lösungen, der Lizenzen für ihre Nutzung, anderswo – und anhand anderer Kriterien – entschieden; er gibt nur eine Empfehlung ab; seitenlang und fast unlesbar verquast. Er zeigt, was er weiß, und belegt, was er kann – aber er hat keine Ahnung, was er will. Wollen soll. Kann und darf. Hilfsverbenpanik.

Die Sonne scheint zum Fenster herein und seine Kinder spielen hoffentlich irgendwo, zwei Flugstunden von hier. Er sieht auf die Uhr. Noch etwas Zeit bis zum Mittagstisch, den er mit diesem bemühten Vertreter (ist er das nicht selbst?) teilen wird. Er hört sich seine Antworten aufsagen – an den Fragen, Einwänden und Bedenken des Einkäufers ist nichts originell, sosehr der sich auch um den Ausweis von Scharfsinn und Expertise bemüht. Es kommt aber auf Fachkenntnis gar nicht mehr an. Alles scheitert an der Mauer der mangelnden Entscheidungskompetenz – rennt an wie das Meer, Welle um Welle im sanften Mondschein dieses Vormittags, und verschlägt nicht das Geringste.

Womöglich sind, wie ihm einmal auf einem Interkontinentalflug (nach Dallas, Texas) schien, Hanna und Lutz tatsächlich nur Phantasiegebilde, Ausblicke auf einen Traum von seinem künftigen Leben – er in Wahrheit noch 25 und am Anfang von allem –, und Sabine das leicht verschwommene Inbild einer liebenden Frau. Ein sehr angenehmer Traum jedenfalls, und er schlummerte süß, den Kopf im Nacken, bis die Maschine einen Ruck nach unten tat und ein Beben das Wohnzimmer mit den spielenden Kindern und der Gattin im kleinen Schwarzen durchschüttert, das ihm kalte Angst um die geträumte Familie ins Herz treibt und sich, als er hochfährt, als banales Luftloch über dem Atlantik entpuppt, im Halblicht der Kabine, alles schlief, und neben ihm der Kollege aus der technischen Verkaufsunterstützung schnarchte leise.

Also hat er nun jene Familie, jene Frau und Kinder, oder träumt er das bloß zur Abwechslung auf Atlantikflügen (zu Schulungsveranstaltungen in der Zentrale), in sonstigen stillen und müden Momenten, im Büro eines spanischen Systemadministrators, mit Blick auf den Hafen von Barcelona? Kann es wirklich sein, daß seine beiden Kinder und das ganze Leben, das er mit ihnen, um sie herum, fern von ihnen führt, nur Traum sind? Daß sein wahres, wirkliches Leben noch irgendwo auf ihn wartet, hinter der Werksgarage, wo er ein Motorrad besteigt und davonfährt, um auf einer Segelyacht in den im Abendschein golden glitzernden Wassern des Pazifik zu kreuzen, ein Buch in der Hand, und eine schöne Frau, Geheimagentin, kommt barfuß mit einer Flasche Champagner und einem Lächeln auf ihn zu? Es ist jedenfalls schöner, gesteht er sich ein, von der Familie zu träumen (er ein treusorgender Gatte und Vater), als ihr freitags in aller Wirklichkeit zu begegnen – wenn auch nur, weil der Traum so plausibel wirkt, weil er mit der Gewißheit (Werksgarantie!) verbunden ist, in gewissem Sinne wahr geworden zu sein. Und wenn er das mit 25 gewußt hätte, und sich jetzt vorstellt, dieser Fünfundzwanzigjährige zu sein, für den alles gut ausgeht, dann kommt eine tiefe Ruhe und Gelassenheit über ihn, die er damals sehr vermißt hat – leider weiß man nicht im Voraus, welche Dinge wahr werden werden, welche nicht, und muß sie daher, wenn man sie will, mit allen Nachteilen, Widerhaken und Fleischgräten der Realität zusammen nehmen.

Schade. Er schaut auf. (Wo jetzt eigentlich? Im Flugzeug, Taxi, am Teich? Über dem Atlantik, in einem Schweizer Büro, in London?) Sein heutiger Gesprächspartner: einer der besonders Eifrigen. Die je weniger sie entscheiden können, desto mehr Details dafür brauchen. Der geheime Stolz der Subalternität.

Er macht sich nichts daraus, er streckt sich ein wenig und schaut zum Fenster hin. Am Schluß muß er einfach nur sagen, daß ihre Software, ihr Produkt, ihre Lösung selbstverständlich in der Lage ist, all die besprochenen, angerissenen, aufgeworfenen Schwierigkeiten und Geschäftsprozesse und Sonderfälle zu meistern – »abzubilden« oder »darzustellen«, wie man dann sagt, als ob das irgendwas Spezifisches bedeutete. Und dann empfiehlt er, was nie schaden kann, eine mehrwöchige Mitarbeiterschulung für knapp über zehntausend Euro obendrauf. Denn es sind natürlich immer die Menschen, die ein Nichtfunktionieren der Systeme verursachen, immer die Menschen und nur sie – also unterschreiben Sie bitte hier, hier und hier … Danke!

Aus dem internationalen Luftverkehr

Noch nie sei er sich so erbärmlich und deplaziert vorgekommen, versichert mir Martin Bogner. Oder jedenfalls schon lange nicht mehr. Und weswegen? Wegen nichts. Wegen etwas, das er nicht bekommen habe und auf das er nie ausgewesen sei. (Zwar sprössen Träume rasch, von denen unsere spiegelglatte Seele nichts gewußt zu haben schwöre. Ein winziger Wink genüge manchmal, irgendeine Nachtglocke schrille, und habsüchtige Phantasien schwemmten einen davon – doch sei das bei ihm in diesem Fall wirklich nicht der Fall gewesen.)

Die Maschine nach New York habe noch auf dem Rollfeld gestanden, er sei gerade im Begriff gewesen, sich mit seinem Business-Class-Sitz vertraut zu machen (ausfahrbar auf einen Meter achtzig, nahezu horizontale Streckung; Decken und Schlafbrille in einem Regal am Fußende), gerade habe Mitzki noch gesagt, so lasse er sich einen Atlantikflug gefallen, da sei eine Stewardeß erschienen, habe sich zu ihm hinabgebeugt und ihn gebeten, ihr zu folgen.

Verwundert habe er seine Siebensachen zusammengeklaubt, den Rucksack und die Zeitung, und sich an Mitzki vorbeigeschoben, der starr geradeaus blickte und beide Beine an sich zog. Sein Glatzkopf, erzählt mir Bogner, habe geschimmert wie polierte Unschuld.

Er sei der Stewardeß gefolgt, zunächst einmal nicht unfroh, von Mitzki wegzukommen. Deshalb habe er auch fürs erste auf Nachfragen verzichtet. Sie führte ihn zum vorderen Ende des Kabinengangs und blieb vor dem Vorhang zur

First Class stehen, wo sie sich zu ihm umwandte und ihn um noch (noch, noch, noch!) einen Augenblick Geduld bat. Dann fing sie mit einem just durch den Vorhang getretenen Kollegen zu tuscheln an, einem stahlblonden Hünen mit perlendem Gebiß.

Beim Einchecken am Gate, mußt du wissen, erklärt mir Martin Bogner, gab es leichte Turbulenzen. Unsere Maschine war laut Auskunft der Schalterdame überbucht, wir könnten, sagte sie, womöglich erst mit einer späteren fliegen.

Mitzki regte sich furchtbar auf, fragte, wie das sein könne (wo es doch offensichtlich unmöglich war!), stotterte etwas von unfaßbaren Geschäftspraktiken, knallte die flache Hand auf den Tresen und lief mit flammender Glatze davon, um wenig später zurückzukehren und zu versichern, daß er das auf gar keinen Fall mit sich machen lasse. Sie würden noch von ihm hören, dann fliege er eben gar nicht.

Du kennst ja Mitzki, fügt Bogner bedeutungsvoll hinzu.

Sein Ausbruch habe ihn dennoch überrascht. Soweit er wisse, sei Mitzki viel öfter geflogen als er selbst. Er habe beruhigend auf den aufgebrachten Tech-Sales-Mann eingesprochen, die Dame am Schalter nach dem nächsten Flug gefragt (sie würden ihren Termin nicht versäumen, nur der Stadtbummel fiele flach) und sie höflich ersucht, ihr Möglichstes zu tun, um sie noch an Bord der ersten Maschine zu bekommen. Anschließend habe er Mitzki in ein Café in der Nähe des Flugsteigs geführt. Von dort aus habe dieser seine Frau angerufen und sie mit einer nach wie vor mit allen Insignien der Empörung beladenen Stimme gefragt, ob ihr dergleichen je zur Ohren gekommen sei.

Ja, habe Mitzkis Frau erwidert, das komme öfters vor.

Und Mitzki habe sich unter einer Reihe schwächer werdender Nachbeben von seiner Empörung erholt.

Also fragte ich mich, erklärt mir Martin Bogner, als ich vor dem staubgelben Vorhang stand, ob jetzt, gleichsam im Nachhinein, doch noch einer von uns aus der Maschine geworfen werden sollte. Zum Beispiel, weil ein anderer Geschäftsreisender am Check-in noch mehr Lärm gemacht hatte als wir. In diesem Fall wäre ich ja aber der falsche Bestrafte gewesen. Allerdings habe die Aussicht, ein paar Stunden zu warten und dann ohne Mitzki zu fliegen, weiter nichts Erschreckendes gehabt.

Um nicht immer auf den blütenstaubgelben Vorhang schauen zu müssen, habe er sich, den Rucksack an den Unterleib gedrückt, zur Kabine umgedreht. Selten oder noch nie habe er etwas längst Bekanntes so scharf und bewußt wahrgenommen wie in diesem peinlich schwebenden Moment der Ungewißheit zwischen Startbahn und Erde. Die Kabine war in das seltsame Halblicht der Startvorbereitungen getaucht. Die Passagiere beugten sich über die Lehnen ihrer Sitze, wühlten in ihren Fächern und Taschen, um sich ihrer Habseligkeiten zu versichern; einige schlugen Zeitungen auf, andere drehten an Knöpfen, schalteten das Licht über ihrem Sitz ein und dann wieder aus, dimmten es schließlich; wieder andere setzten Kopfhörer auf, wühlten abermals in ihren Rucksäcken und Handtaschen und saßen dann einfach mit geschlossenen Augen da. Ein Tohuwabohu fruchtloser Individualität, habe er gedacht, erklärt mir Bogner, und das sei ihm fast schon wie eine Offenbarung vorgekommen.

Mitzki sei hinter der Lehne des Vordersitzes verschwunden gewesen. Plötzlich aber seien erst die Billardkugel und dann auch sein Oberkörper langsam wieder hervorgekommen (wie eine aufgehende Sonne!), von einer sanften Hydraulik Grad um Grad in die Position der Hypotenuse eines rechtwinkligen Dreiecks gebracht. Kurz bevor sie diese erreichten, habe Mitzki den Vorgang umgekehrt und sei allmählich wieder hinter der Lehne versunken.

Der Steward und die Stewardeß hatten ihr Getuschel inzwischen beendet, um mit gleichmütigem Blick, die Hände auf dem Rücken gekreuzt, in zwei weit auseinander liegende Ecken der Kabine zu starren. Der lichtblonde Hüne habe mit seinem kantigen Kinn durchaus einschüchternd gewirkt, sagt Bogner, wenn er nicht gerade gelächelt habe. Die Stewardeß, die ihn an seinem Platz abgeholt hatte, erschien ihm zugänglicher. Kastanienbraunes Haar wallte von ihrem Käppchen auf die straffen Schultern. Sie trug kein Make-up, wodurch sie verletzlicher wirkte als ihr bis ins Unnahbare getrimmter Kollege.

Er habe sich, erzählt mir Martin weiter, darüber geärgert, daß er sich die Möglichkeit entgehen ließ, etwas von ihrer Unterhaltung aufzuschnappen. Andererseits habe er sich seit langem schon angewöhnt, die Leute machen zu lassen, bis sie sich ihm von selbst wieder zuwenden. In der Regel gehe es seiner Erfahrung nach auf diese Weise schneller.

Was wollten die von ihm? Worauf warteten die? Wieso holen sie ihn von seinem Platz weg – stimmte etwas mit seinem Ticket nicht? Aber dann hätten sie auch Mitzki holen müssen, schließlich hatten sie beide ihre Flüge über dasselbe Backoffice buchen lassen.

Ansatzlos sagte plötzlich der Hüne etwas, nickte seiner Kollegin zu und trat durch den Vorhang, nicht ohne ihn hinter sich sorgsam wieder zuzuziehen.

»Was ist denn?« entfuhr es Bogner, an die Zurückgebliebene gerichtet.

Ein Lächeln, ein Säuseln war die Antwort. »Einen Augenblick Geduld noch bitte«, vertröstete sie ihn professionell. Lächelte wieder. Kastanienbraunes Wallen purer Sanftmut.

Er habe seinen Rucksack (vielleicht etwas ruckartig, aber gottergeben) abgestellt, wobei die Zeitung zu Boden gefallen sei. Mitzki habe inzwischen wieder halbwegs aufrecht auf seinem Platz gesessen, seinen Blick zur Tarnung in eine Zeitschrift versenkt.

Warum, habe er sich gefragt, erzählt mir Martin Bogner, bleibe ich eigentlich die ganze Zeit über hier stehen? Ich könnte ebensogut an meinen Platz gehen, mich setzen, die Zeitung aufschlagen und dort in Ruhe weiterwarten.

Normalerweise, fügt Martin Bogner kopfschüttelnd hinzu, lasse er sich nicht so herumschubsen. Er könne sich das, wie ich ja wohl wisse, nicht leisten. Im Gegenteil sei er es gewohnt, andere Leute dazu zu bringen, das zu tun, was er wolle respektive für den jeweiligen Job für nötig halte. Es war offenbar nur die Aussicht, nicht neun Stunden lang neben Mitzki sitzen zu müssen und zugleich so tun zu können, als wäre er nicht verantwortlich dafür, die ihn dazu brachte, sich dort abstellen zu lassen wie ein gerade nicht gebrauchtes Schulkind.

Die Stewardeß habe unablässig weitergelächelt, doch sei es ihm vorgekommen, als hätte sie sich auf kaum faßbare Weise von ihm entfernt. Ihr Blick war nicht mehr fokussiert, ihr Lächeln umfaßte in aller Vagheit die gesamte Kabine.

In diesen Augenblicken habe er sich vollkommen verloren gefühlt, so, als ob kein Menschenkind auf Erden mehr für ihn zuständig sei. Er habe überlegt, ob er nach seinem Paß oder seiner Bordkarte kramen sollte, um den Vorgang irgend zu beschleunigen (was allerdings als eine Art Schuldeingeständnis gedeutet werden konnte), da habe sich glücklicherweise der Vorhang, hinter dem der Steward verschwunden war, erneut zu regen begonnen. Im gleichen Moment (mit seinem irren Instinkt für die Peinlichkeiten anderer) habe auch Mitzki herübergeschaut, mit schimmernder Kopfhaut, gehobenen Augenbrauen und Schultern, die geöffneten Handflächen von sich gestreckt. Er selbst habe diese Geste gleich erwidert.

Der Steward flüsterte der Braunhaarigen etwas ins Ohr, die sich daraufhin an ihn wandte. Alles in Ordnung, habe sie gesagt, oder irgendwas Ähnliches oder vollkommen anderes, das auf dasselbe hinauslief: Er könne sich wieder setzen.

Im selben Moment habe sich, wie ihm durch die Nebel seiner Verwirrung undeutlich zuteil geworden sei, ein schlaksiger junger Mann auf der gegenüberliegenden Seite der Kabine erhoben und sei samt Schlabbertasche und -hose einer anderen Stewardeß durch den anderen Gang nach vorne gefolgt. Die Wallende lächelte ungeschminkt an ihm, Martin Bogner, vorbei.

Er hob seinen Rucksack und mit einigen Schwierigkeiten auch die zu Boden gerutschte Zeitung auf und sah sich zur Sicherheit noch einmal nach dem Hünen um, der ihm ein kerniges Nicken zuwarf, bevor er den Vorhang schloß.

Achselzuckend (aber auch erleichtert) sei er, Martin Bogner, an seinen Platz zurückgekehrt, habe sich an Mitzki vorbeigeschoben, der die Beine anzog und sich wie unbeteiligt übers fehlende Haar fuhr, habe seinen Rucksack und die Zeitung auf seinen Sitz geworfen, festgestellt, daß er sich unter diesen Umständen nicht setzen konnte, den Rucksack auf den Boden gestellt und die dabei versehentlich mitgerutschte Zeitung aufgehoben und – endlich saß er wieder.

»Was war denn?« wollte Mitzki wissen.

»Keine Ahnung«, sagte Martin Bogner und schüttelte den Kopf. »Keine Ahnung, was das sollte.«

Der junge Mann mit den schlabbernden Sachen, der nach ihm aufgestanden war, durchschritt währenddessen den Rubikon. Perlweiße Zähne schimmerten herüber.

»Ich glaube«, habe Mitzki gesagt – und der Geier allein weiß, wie er darauf gekommen ist, versichert mir Martin Bogner –, »die hatten noch einen Platz in der First Class frei. Und den kriegt jetzt halt der Typ.«

Daraufhin habe sich Mitzki wieder seiner Zeitschrift zugewandt. Er selbst schaute noch einen Augenblick lang verwundert in die Richtung, aus der die letzte Bemerkung gekommen war (Mitzki habe eigentlich recht hübsche Ohren).

Ihm sei sofort klar gewesen, daß Mitzki recht gehabt habe, fährt Bogner fort. Er hätte den Platz für seine Mediationsleistung am Gate bekommen sollen. Die dankbare Dame vom Schalter müsse wohl in der Maschine angerufen haben, um ihn upgraden zu lassen. Nur habe sich, seufzt Martin Bogner, offenbar jemand gefunden, der sich größerer Verdienste erfreute und mehr Anrecht auf den freien Platz hatte als er.

In der festen Überzeugung, daß ihm das eigentlich höchst egal sein konnte und daß es jedenfalls Mitzki nichts anging, brachte er seine Lehne in eine bequeme Position und nahm endlich seine Zeitung vor. Dabei habe er bemerkt, daß seine Finger auf dem fahlen Rand des Papiers unwillkürlich zitterten und immer weiterzitterten und nicht aufhören wollten zu zittern wie nicht gescheit.

Ich konnte es nicht stoppen, sagt Bogner. Ich bekam Angst, und mir kam schlagartig der Gedanke, daß ich mit diesem wahnsinnigen Leben sofort aufhören muß. (Hier schiebt er eine wirkungsvolle Pause ein und blickt mich bedeutungsvoll an.)

Dann aber sei ihm eingefallen, daß einem dergleichen (wispernde Verheißungen, die dich in schmerzhafte Räume führen, unbekannte Sirenen in deinem Inneren, die Fesselung an Masten der Banalität) in unserer Branche praktisch jeden Tag passiert. Und so habe er beschlossen, weiterzumachen wie gehabt, sagt Martin Bogner und beendet seine Erzählung.

Regen

Sie waren zu sechst, als sie das Gebäude verließen. Ganz dünn und in feinen Silberstreifen fiel der Regen.

Sie blieben unter dem Vordach stehen, einer mächtigen viereckigen Platte aus Beton, die mehrere Quadratmeter Gehweg überdeckte. Rodberg holte sofort seine Zigaretten aus der Hosentasche und zündete sich eine an, Brad, einer der Amis aus der New Yorker Niederlassung, sah das und machte es ihm erleichtert nach.

Goesling erzählte Sievers vom Technical Sales Support eine Anekdote aus Mexiko und lachte. Die beiden anderen Amis, Vincent und der junge Praktikant Stan, standen reglos da und starrten auf die Straße hinaus.

In vier oder fünf Spuren stauten sich Autos auf der Lexington Avenue vor irgendeiner Ampel, die in dem Wischiwaschiwetter und der beginnenden Dämmerung nicht zu sehen war. Genausowenig die Spitzen oder auch nur mittleren Etagen der Häuser.

Die Amis versuchten, ein Taxi zu besorgen, aber es war Berufsverkehr, es regnete, kein Taxi hielt. Sie streckten die Arme aus und winkten, Brad mit Kippe in der Hand, Vincent ohne, aber lahm und ohne Überzeugung. Es sah seltsam aus, wie ein Ballett in Zeitlupe, oder wie eine fahle und geisterhafte Simulation aus den Anfängen der Virtual Reality.

Goesling deutete mit ausgestrecktem Arm die Straße hinunter auf eine alte Kirche, die winzig zwischen den Bürotürmen stand. Wie hübsch sie mit den hoch hinaufstrebenden Geschäftsbauten kontrastierte – typisch New York!

Sievers brummte nur etwas und machte zwei mürrische Schritte zurück unters Dach. Er fand es wenig überraschend, daß New York so aussah wie New York, wie man es von all den Bildern her kannte, den Fernsehberichten und Kinofilmen und Küchenpostern. Auf der Fahrt vom John F. Kennedy gestern hatte er Dampf aus Gullydeckeln steigen sehen und sich erinnert, darüber gelesen zu haben, daß das irgendwie mit Fernheizungsrohren zusammenhing. Goesling zückte das Handy und preßte es lächelnd ans Ohr, das kleine, in seiner Tasche angewärmte Gerätchen.

Rodberg schleuderte die halbaufgerauchte Zigarette zu Boden. Er hielt es keine Sekunde länger hier aus. Let's get back to the hotel anyway, sagte er und schwenkte den Arm in Richtung ihres Wegs.

Brad folgte ihm als erster, die Zigarette mit der Hand beschirmend. Die anderen kamen nach. Jenseits des Vordachs zogen sie unwillkürlich die Schultern ein, um zumindest ihre Nackenpartien vor dem Regen zu schützen, der eher dünn, dafür aber eiskalt war.

Sie alle trugen lediglich leichte Jacken über den Busineßanzügen, Rodberg und Vincent nicht einmal das. Es war nicht warm, doch sonnig gewesen, als sie vor gut anderthalb Stunden hierher aufgebrochen waren. Der Fußweg vom Hotel der Deutschen in der Nähe des Times Square hatte gut fünfundzwanzig Minuten gedauert, wie sich Vincent zu erinnern meinte. Die Chancen, die richtige U-Bahn zu erwischen und um sieben zu Hause bei seiner Frau zu sein und das Spiel zu sehen, standen also noch immer ganz gut.

Nach ein paar Metern bogen sie nach rechts in die Vierundfünfzigste. Auf der nassen Straße glänzten Lichtreflexe aus Büroetagen, die erschrocken erloschen, wenn ein Auto hindurchfuhr.

Goesling schloß mit ein paar raschen Laufschritten in gebückter Haltung zu Vincent auf, der sich bemühte, mit Brad Schritt zu halten. Hey, Vince, sagte Goesling, als er ihn erreicht hatte, do you like it to live in New York?

Vince sah ihn erstaunt an.

I was here several times, fuhr der Deutsche fort, ohne auf eine Antwort zu warten, but I never found an asian restaurant that ... was like, I mean: not the typical type of tourist asian ... you know?

Rodberg ging mit großen, weit ausschwingenden Schritten, aber trotzdem nicht schnell. Es kam ihm so vor, als wollte er imaginären Leuten vor ihm Tritte in den Arsch verpassen. Dabei war auf dem Bürgersteig wenig los; ein paar Passanten drückten sich in Hauseingänge oder unter die Markise eines Delis, die weitaus meisten Leute aber saßen in Autos und standen im Stau, der den Ampelphasen gemäß ruckartig abfloß und sich unverzüglich wieder aufbaute.

Sievers, der hinter ihm ging, fragte sich mürrisch, während das Wasser seine Hosenbeine hinaufspritzte, ob man wirklich im Regen durch die Vierundfünfzigste East gelaufen sein mußte. Er hatte nichts gegen New York, aber er mußte auch nicht unbedingt im Freien sein, jedenfalls nicht bei so einem Wetter.

Goesling tippte jetzt eine Adresse in sein Smartphone ein, die Vincent ihm genannt hatte. Der hatte ihm allerdings auch zu verstehen gegeben, daß er schon lange in New Jersey lebte, weshalb Goesling neben dem Tippen seine Schritte beschleunigte, um zu Brad aufzuschließen. Er wollte noch zwei Cargohosen kaufen und wußte nicht genau, wo.

Sie folgten der Straße, die ihnen schmal vorkam wie eine Seitengasse, obwohl die Fahrbahn dreispurig war. Das lag an der Höhe der Häuser zu beiden Seiten. Außer dem Deli in der Mitte des Blocks gab es nur Rückseiten, blick- und türlose Fassaden. Die Fenster begannen erst weiter oben.

Vincent und Sievers wechselten die Straßenseite, weil Vincent glaubte, das wäre eine Abkürzung, und Sievers glaubte, Vincent kennte sich hier aus.

Rodberg überlegte, daß sich bei ihrem Glück wahrscheinlich noch jemand erkälten würde in dem eiskalten Regen. Es war kein wirklich starker Regen, es war ja auch Februar. Aber sie waren erst ein paar Minuten unterwegs, und die Nässe begann schon durch seine Haare zu dringen und sich auf der Kopfhaut bemerkbar zu machen. Die oberen Stockwerke der Häuser waren in einer Art dicker, unscharfer, dunkelblauer Wolke verschwunden, die sich über die ganze Stadt gelegt zu haben schien. Außerdem dämmerte es bereits, was den Eindruck von Kälte verstärkte.

Rodberg blieb stehen, winkte diesen Stan zu sich, ein schlaksiges Kerlchen in einer Art Konfirmandenanzug, das im Laufschritt herankam, und trug ihm auf, ein Taxi für sie aufzutreiben.

Während er weiterging, dachte er noch einmal an die Verhandlungen. Das kann dir hier jederzeit passieren, hatte ihm Brad vor einer Minute zugeraunt, sein Boss hat no gesagt, und dann kann er einfach nichts mehr machen. Brad hatte die Achseln gezuckt, ein Amerikaner im silbrigen Regen, der die Achseln zuckt über den american way of business. Dabei waren sie eigens zu dritt aus Europa angereist. Rodberg schaute auf seine Schuhspitzen, unter denen bei jedem Schritt Regenwasser hervorquoll.

Als er wieder aufblickte, stand Stan mitten auf der Fahrbahn, neben einem Taxi am Ende der Schlange. Er beugte sich vor und sprach über das heruntergekurbelte Seitenfenster hinweg mit dem Fahrer, einem Schwarzen, wie es schien.

Brad und Goesling hatten es auch gesehen und waren wie willenlos bei Rodberg, der sofort angehalten hatte, stehengeblieben. Sievers und Vincent schauten von der anderen Seite zu. Rodberg winkte ihnen, er wollte das Team zusammenhalten, für den Fall, daß sie den Wagen bekamen. Aber sie sahen es nicht. Goesling fragte Brad, was zur Zeit im Moma zu sehen sei, der zuckte die Achseln. Rodberg senkte vor Erschöpfung kurz den Blick: Regen auf regennassem Asphalt.

Dann kam der schlaksige Stan zurück, eilte über die nasse Straße auf sie zu und blieb mit hängenden Schultern vor ihm stehen. Dem Taxifahrer sei die Strecke nicht lang genug. Im Hintergrund kam die Autoschlange in Bewegung und das Taxi verschwand im Dunst.

Goesling hatte Brad in ein Gespräch verwickelt, die beiden gingen schon wieder voraus. Rodberg überlegte, ob er das sagen müßte: Why didn't you offer him ten bucks extra?

Den anderen schien es nichts auszumachen. Sie liefen, klinkenputzende Nomaden, im Regen zu Fuß durch die graue staubige Stadt und fanden sich prima. Ihre hellbejackten Rücken bewegten sich im Regen beinahe *schlängelnd* oder doch tänzelnd. Es machte nichts aus.

An der Fünfzigsten verabschiedeten sich Brad, Vince

und Stan, um ihre U-Bahn zurück nach New Jersey zu nehmen. Die Deutschen schüttelten ihnen herzlich die Hand und dankten ihnen für die gute Zusammenarbeit. Dann setzten sie ihren Weg im eiskalt niederfädelnden dünnen Regen fort, der zum Glück ein wenig nachzulassen schien, und Goesling holte das Handy hervor, um es noch mal bei seiner Frau zu versuchen, denn er brauchte seine Hosengröße.

Das fliederfarbene Cabriolet

Randers steckte den Schlüssel ins Türschloß seines Alfa. Eine Windböe kam von der Straße her und ließ ihm die Haare am Hinterkopf zu Berge stehen. Er duckte sich und schob seinen Oberkörper in den Wagen hinein, ließ sich auf den Sitz fallen und zog die Beine hinterher, alles in einer fließenden Bewegung. Und mit Schwung die Tür hinter sich zu.

Im Wagen war es still und kalt. Einen Moment lang fühlte es sich so an, als wären seine Ohren verstopft. Er warf die Laptoptasche auf den Beifahrersitz und schob den Schlüssel ins Zündschloß, ehe er nach dem Gurt griff, um sich anzuschnallen.

Vor der Windschutzscheibe prangte das Gebäude IV, das größte auf dem Campus. In einigen Fenstern brannte noch Licht, hauptsächlich auf den Etagen zwei und vier. Die Kollegen machten immer noch Überstunden. Oder hatten vergessen, das Licht zu löschen.

Er startete den Motor, der sogleich ein beruhigendes Brummen verströmte und die Karosserie in einem weichen Zittern schwingen ließ. Einhundertundachtzig PS, man spürte sie selbst im Stand. Natürlich nicht auszureizen auf den Landstraßen zwischen hier und Diedenheim.

Er legte den Gang ein und führte den Alfa behutsam aus der Parkbox. Ausgerechnet neben ihm standen noch zwei Wagen, während die große beleuchtete Fläche des Betriebsparkplatzes ansonsten praktisch leer war. Während er Richtung Ausfahrt schwenkte, erhaschte er einen

Blick auf den stahlblauen Nachthimmel über dem Wald, an dem reichlich Sterne blinkten. Es sah noch kälter aus, als es war.

Er gab Gas, schoß bis zur Ausfahrt vor, wo er bremste, um einen Lastwagen abzuwarten, der sich Richtung Stuttgart quälte. Er beugte sich vor, um in beide Richtungen zu spähen, und spürte das Lenkrad an seinem Kinn: Es zitterte, vibrierte regelrecht, als freute sich der Wagen auf einen Ausritt wie ein ungebärdiges Pferd.

Er gab wieder Gas, und der fliederfarbene Alfa schob sich auf die Straße vor und schoß, während Randers rasch in den zweiten und dritten schaltete, mit Vollgas davon.

Zweihundert lustige Pferdchen, na gut, hundertachtzig. Rodberg hatte sogar zweihundertfünfzig unter der Haube. Wie er bei jeder Gelegenheit und Ungelegenheit nicht müde wurde zu verkünden, der Angeber aus der Systemintegration.

Arschloch! Er zog den Alfa durch eine Linkskurve, kreuzte den Mittelstreifen mit übermütigem Schwung und lenkte ausgangs der Kurve in die Spur zurück. Dafür konnte ihm Rodberg sonst auf keinem Gebiet das Wasser reichen: Die Messe hatte er nicht gekriegt, und er berichtete immer noch an Wegmann, von dem jeder wußte, daß er auf dem Abstellgleis war.

Warum er überhaupt an den Armleuchter dachte? Er beugte sich wieder vor, die lange Gerade jetzt war frei, und tatsächlich konnte man über den dunklen Wipfeln abermals den Sternenhimmel sehen. Schön! Der Wald lag dunkel und schweigend.

Er gab noch ein bißchen mehr Gas, bis der Wagen in der plötzlich abschüssigen Kurve im Tal zu schlingern begann.

Die Reifen protestierten. Das Scheinwerferlicht ließ Baumstämme aufflammen, starr und rauh und ungerührt.

Na gut, drei Monate noch, dann erst mal Urlaub. Mal wieder Anzüge kaufen gehen. Sibylle wird sich freuen. In letzter Zeit viel mit ihrem Garten und dem Frauenclub. Mal wieder eine Auffrischung. Hat alles sein Gutes.

Er fuhr in eine Linkskurve, hielt das Lenkrad mit beiden Händen, griff nicht über, verdrehte sich fast die Schulter.

Wieder rasten beleuchtete Stämme vorbei. Blickloses Holz, starr und taub.

Gleich kam das lange Stück, auf dem es abwärts auf eine Kehre zuging. Einmal dort einem Traktor begegnet, das war nun wirklich suboptimal gewesen. Er schaltete runter, der Motor heulte auf, jubilierte vielleicht auch, Randers konnte es nicht genau deuten.

Ob Sibylle heute abend überhaupt zu Hause war? Oder Kegelclub, Kulturclub oder was auch immer? Er hatte sich ihre Termine noch nie merken können. Vielleicht mit einem Glas Wein am Eßtisch oder auch einen Film. Bisher war er noch mit allem klargekommen. Und warum sollte sich das ausgerechnet jetzt geändert haben?

An der Ortseinfahrt Diedenheim verlangsamte er, schaltete herunter, bremste fast übertrieben stark, stemmte sich gegen das Lenkrad und drückte den Rücken in die Lehne.

Das Dorf schlief schon. Nicht einmal Fernseher sah man flimmern. Die Leute standen hier früh auf.

Das vertraute Haus lag dunkel da wie unbewohnt. Flur und Wohnzimmer hinter dem Milchglas grüßten matt. Sibylle war offensichtlich nicht zu Hause. Oder schon zu Bett gegangen. Aber dafür war es trotz allem eigentlich zu früh.

Er beugte sich vor und fingerte den Schlüssel in die

Haustür (kein Windstoß diesmal). Die Tür schwang auf und ließ ihn in die erwartete Stille ein.

Er legte den Schlüssel auf die Garderobe, stellte die Tasche daneben ab, zog den Mantel aus und hängte ihn auf. Leise klirrten die Bügel, als er ins Wohnzimmer trat.

Es kam ihm vor, als wäre er seit Jahren nicht hier gewesen. Das Licht der Straßenlaterne breitete sich schimmernd über die Möbel, das lange Sofa, den Eßtisch mit einer von Sibylles dezent bestickten Decken. Es fiel auch auf seine DVD-Sammlung in der Wohnwand. Gerade erst hatte er eine neue Staffel seiner Lieblings-Krankenhausserie bestellt. Die Folie, in die sie noch eingeschweißt war, glänzte.

Er trat an das Fenster zum Garten. Über dem Nachbardach wucherte noch immer der sternbesäte Himmel. Eine wunderbare Nacht. Nacht der Nächte. Nur Sibylle nicht da.

Wie bei Dr. House, der die Verwaltungschefin Cuddy liebte (wahrscheinlich aus Mitleid, weil sie von einer erbärmlichen Grimassenschneiderin dargestellt wurde) und von ihr stets auf Abstand gehalten wurde.

Eigentlich bedeutete ihm die Serie nichts. Nur die Sprüche waren extremst cool. Houses unmögliches Benehmen gegenüber Vorgesetzten und Kunden.

Sich wie ein richtiges Arschloch aufführn! Wie Rodberg! Randers lachte. Natürlich müßte man sich das leisten können. Man mußte vollkommen unverzichtbar sein, genial wie House.

Er ging hinüber in die Küche, um sich die angebrochene Flasche Wein von gestern zu holen. Dasselbe aus Polizeifilmen bekannte Zwielicht erwartete ihn auch hier, nur daß es auf weißen und hellbeigen Kunststoffoberflächen lag. Ein angebissenes Käsebrot und ein halbvolles Weinglas auf dem Küchentisch überraschten ihn. So was sah Sibylle gar nicht ähnlich. Er trat ans Fenster und schaute auf die Einfahrt hinaus.

Das leere, gelblich schimmernde Pflaster zwischen ihrem und dem Haus von Dörings lag nackt und steinern im fahlen Schein der Straßenbeleuchtung. Sein Wagen stand nicht da. Man sah die Ölflecken vom letzten Jahr, als die Ölpumpe schlappgemacht hatte.

Äh, hallo? Was war da los? Wie war er denn bitteschön nach Hause gekommen, wenn das Cabrio nicht in der Einfahrt stand?

Randers starrte in die unbegreifliche Leere jenseits der Scheibe. Die starrte ungerührt zurück.

Mit Sicherheit hatte er nicht an der Straße geparkt, weil er sich das während der Glasfaserkabelverlegungsarbeiten abgewöhnt hatte.

Wenn der Wagen nicht da war, konnte es dafür also eigentlich nur eine Erklärung geben: Es mußte ihn vorhin aus der Kurve getragen haben.

Er kramte in seiner Erinnerung. Einen Moment lang hatte es sich fast so angefühlt. Ein blitzartiges Flackern auf der Windschutzscheibe, dann noch mal. Fehler in der Matrix, hatte er gedacht.

Aber wenn das stimmte, wo befand er sich dann jetzt? Also abgesehen davon, daß er offenbar träumte, zu Hause zu sein.

Auf einer Trage, in einem Notarztwagen, auf dem Weg zu Dr. House? Oder noch im Wald, zerschmettert in seinem zerschmetterten Wagen an einem Baumstamm aufgebockt. Ein weicher Turm aus Stahl und Fleisch.

Er konnte hinausgehen und nachsehen, ob der Wagen nicht doch an der Straße stand. Aber das war extrem unwahrscheinlich, außerdem machte es ihm Angst.

Er wandte den Kopf, drehte den Wasserhahn auf, beugte sich hinunter und nahm einen Schluck. Fühlte sich fast normal an. Vielleicht auch nicht. Er wischte sich verlegen übers Kinn.

Tatsächlich hatte er fast nichts bemerkt, fast nichts mitbekommen. Sicher, das Schlittern und Schlingern in der Kurve, die quietschenden Reifen. Die Sterne waren so schön gewesen. Und dann? Splitterndes Unterholz vor der Kühlerhaube, der bestürzende Anblick des Lichts auf viel zu nahe kommenden Stämmen. Als spränge der Alfa ihnen an den rindigen Hals.

Er preßte den rechten Daumen aufs linke Handgelenk, aber im Pulsfühlen war er noch nie gut gewesen. Scheiße, Scheiße, Scheiße! Das Käsebrot auf dem Küchentisch.

Sein unsteter Blick entdeckte die angebrochene Flasche Wein an der Spüle, er faßte sie am Hals, schnappte sich ein Glas aus dem Schrank und ging ins Wohnzimmer hinüber, wo er sich in seinen Lieblingssessel setzte.

War er tot, oder nur ohnmächtig? Lag er auf einer Trage (oder Bahre) und phantasierte das alles hier nur?

Sein Blick fuhr schwankend über Möbel und Teppiche, Fenster und Regal.

Die Frage würde sich kaum beantworten lassen, solange Sibylle nicht kam. Oder vielleicht doch.

Er stand auf, schaltete den Fernseher ein und holte die DVD-Box aus dem Regal. Wenn er Szenen sah, die er noch nicht kannte, konnte er davon ausgehen, daß alles normal war. Lag er hingegen träumend in einem Krankenhausbett (oder tot am Baum – er war noch nie tot gewesen), würde ihm der Fernseher lediglich alte Folgen zeigen. Man konnte nicht von etwas träumen, das man nicht kannte.

Mit zitternden Fingern (nein, das stimmte nicht: Er war völlig ruhig) schälte er die Pappbox aus ihrer knisternden Hülle, legte Disc 1 ins Abspielgerät und setzte sich wieder in den Sessel, während das Logo von Universal erschien (ein sich ins Bild drehender Globus, aus dem Licht hervorbricht).

Wenn er wirklich verunglückt war, würden sie ihn schon wieder zusammenflicken. Dann verpaßte er eben die Messe – oder, mit Pech, mußte er sogar doch noch hin.

Und wenn es ihm nur so vorkam in der Unwirklichkeit des leeren Hauses nach einem langen Tag? Wurde er vielleicht verrückt.

Der Wein gluckerte vertrauenerweckend, als er mit hellrotem Schwung ins Glas schoß. Dr. House stützte sich auf seinen Stock und schaute Lisa Cuddy hinterher, die mit ihrem verlockenden Heck durch einen schmalen Gang davonstöckelte.

Der Wagen!, fiel ihm ein. Die Lücke in der Einfahrt! Zerschmettert …!

Es war so viel mehr, als er sagen konnte. Das Gefühl stieg aus seinem Brustkorb auf, kletterte seine Kehle hinauf, preßte ihm die Kiefer zusammen und trieb ihm Tränen in die Augen.

Statement

Pedersen, der Referenzkunde, und die beiden McWorthy-Salesleute, die für ihn zuständig sind (Fozzy und Bing). Dunkle Gesichter vor himmelblauem Vorhang. Das Filmzeugs auf dem Boden: Kabelschlangen im weichen Sand des Teppichs, Lampenstative, mit Säcken beschwert, Cases mit reißzahnscharf glänzenden Kanten. Gefühl einer vagen Gefährdung, während du schwerfällig auf das Klemmbrett in deinen Fingern blickst.

Zäh verlassen die Silben den Geschäftsführermund. Eine nach der anderen löst sich langsam ab, klebt noch eine Weile irgendwo an Gaumen und Rachen, wird schließlich in den Raum entlassen. Sieht sich zögernd um. Sind hier noch andere? Nirgendwo ihresgleichen zu sehn! Verharrt einen Augenblick zitternd, zögernd ... und verklingt.

Währenddessen wird am Geschäftsführermund die nächste Silbe gebildet. Macht sich auf, geboren zu werden. Wie ein sehr langsamer Seifenblasenbläser. Hab erst neulich einen im Schwimmbad gesehen: untersetzt, tätowiert, mit Muskelbergen und Bauch, Schauerarbeitertyp. Lachend sprang ein Dreijähriger hinter ihnen drein. Hier ein Seifenblasenbläser auf Haldol. Die Silbe pumpt sich auf, gewinnt Gestalt, hängt schwankend im Wind am Gaumen, an der Zunge fest; krächzt, rattert, rotzt – ein rostiges Autoteil sträubt sich gegens Ausgebautwerden –, wird schließlich halbherzig ausgestoßen und löst sich wackelnd und ungewiß, treibt enttäuscht und enttäuschend mit wabernder Hülle durch den Raum. Wieder nur eine Silbe! Wieder sonst niemand da! Pedersen aber blickt stolz von seinem Sofa herüber.

Sein Büro überhaupt – halbwegs wie ein Wohnzimmer eingerichtet. Es gibt zwei von diesen pastellfarbenen Sofas, ein Glastisch steht dazwischen, dazu der himmelblaue Vorhang. Große Fotos vom Firmengebäude an den Wänden. Den Vorhang haben wir vorgezogen, weil unsere Lämpchen nichts gegen die Sonne vermögen. Grelles Kunstlicht beleuchtet den Geschäftsführer auf dem Sofa gegenüber. Zu den Wänden hin: Schatten, Halblicht, wohltätiger Dämmer.

Am Schreibtisch bei der Tür: Catherine von Communications, McWorthy Europazentrale Paris (so ihr furchterregender Name in voller Länge). Circa zweiunddreißig, gut anzusehen. Alles an ihr schreit: hochrangig! Sagt aber nichts, tut nichts, sitzt bloß da und supervised (vor ihrem aufgeklappten Laptop). Um dich im nächsten Moment umstandslos – oder, im Gegenteil: mit Flüchen auf den zornroten Lippen – einen totalen Versager zu nennen? Bei Amis weiß man nie.

In Las Vegas will sie ihn auf die Bühne stellen, vor dreitausend Vertrieblern. Ein Referenzkunde, der von unseren Erfolgen erzählt. Nur daß er nichts sagt, daß sich die Silben in endloser Perlenschlange aus seinem strohtrockenen Rachen quälen wie Fahrzeuge auf der Autobahn in einem Stau von unbegreiflicher Geräumigkeit. Vor fünf Minuten hast du sie danach gefragt, sehr leise, damit weder der Gemeinte noch sonst jemand es hört. Catherine, als würde sie die Frage nicht verstehen: Sure he will be giving a speech in Vegas! Das Futur unerschütterlicher Gewißheit. Straff gespannte Lippen, Augen wie das Betriebslicht am heimischen Rechner. Die unwiderstehliche Emotionalität von Middleware.

Na gut, na gut, du interviewst ihn ja schon! Wenn er wenigstens deutsch reden dürfte. Im Vorgespräch hat sich das alles nicht ganz so furchtbar angehört. Jetzt aber – nur Rauschen und Krachen.

Es ist auch keine Entwicklung festzustellen, muß man ganz objektiv sagen, nüchtern konstatieren, sich illusionslos eingestehen. Ihr geht die Fragen zum dritten Mal durch, es wird keine Verbesserung geben. Selbst wenn du die Frage noch mal stellst oder ihn rundheraus bittest, den letzten Satz zu wiederholen, hat der alles gerade Gesagte restlos vergessen und sucht sein Statement neuerlich aus Einzelwörtern zusammen.

Die Wörter müssen in diesem Geschäftsführerschädel ein einsames Dasein fristen. Jedes einzeln verschlossen in einem Raum für sich. Pedersen holt erst mal den Schlüssel herbei, öffnet die Tür, trägt das Wort heraus und wälzt es mühsam sisyphoshaft zur Brücke der Kehle, entläßt eine Kopie davon in die Welt (krachend und schnaubend, etwa so, wie ein Schweizer mit Bronchialkatarrh »Rank Xerox« sagt), stößt sie keuchend und mutlos nach draußen, staubiges Geröll die Silben, hoffnungslos weit entfernt der schimmernde Horizont. Dann trägt er die Gußform zurück in die Kammer, schließt ab und macht sich mühsam auf den Weg zur nächsten. Man könnte einen Skat spielen zwischen den Silben!

Zugegeben, manchmal sind zwei in ein und derselben Kammer untergebracht: *There is*, dann aber wieder nicht: *much*. Und dann heißt es *compe* eben, auf die Fortsetzung *tition* warten, während *in* man sich mit irgendwas *our* die Zeit vertreibt und den *market* Zusammenhang vergißt. Dazwischen heftet er seinen brennenden Blick auf dich, als suchte er durch ein Loch in deinem Kopf einen imaginären Zettel an der Rückwand des Büros, auf dem die richtige Vokabel steht.

Du hältst es – könntest du versuchsweise sagen – für völlig ausgeschlossen, daß aus Pedersens Gestammel ein vorzeigbares Video entsteht. Du kannst zwischen den einzelnen Wörtern die Pausen rausschneiden, aber dann hat das tonlose unbeteiligte Gemurmel immer noch keine Satzmelodie. Und das Bild zerschneidest du dann ja gleich mit, so daß man einen wie wahnsinnig zuckenden Kopf sieht, der Einzelsilben ausstößt wie ein müdes Gewehr ...

Hm, Problem, findest du nicht auch, Catherine? Findet sie aber gar nicht, so wie sie dasitzt mit ihren (attraktiv!) übereinandergeschlagenen Knien, ein Urbild fester Entschlossenheit, diesen Mann in Las Vegas auftreten zu lassen. Vor dreitausend Vertrieblern: *Our* ach, was weiß ich denn *cus* sieh mal, die schöne Deko! *tomers* ach, die natürlich! *demand* ja, was werden sie wohl demanden? *Flex – ibil – ity*.

Die Kamera rollt und surrt unentwegt. Tat sie auch vorhin schon, im Teilelager. Dirk, der Kameramann, flog unerbittlich die Regale entlang in diesem Fahr-Dings, das Objektiv nur Millimeter von den Stahlstreben und Holzbalken entfernt. Rauf – runter, vor – zurück, den ganzen Vormittag lang. Anschließend ließt ihr einen Arbeiter durch einen Wald aus kopfunter gehängten Auspufftöpfen gehen.

Und jetzt, nach Mittagspause mit herbeigeeilter Pizza? Interview mit dem Stammler vor hochrangigen Pariser Ohren. Catherine, Holger, Fozzy und Bing, Dirk und Tonassistent: sechs Menschen in einem Raum, seltsam erstarrt. Stört den siebten nicht, er ist ein Geschäftsführer, der nach den richtigen Worten sucht! Die Kamera zeichnet das

Schweigen auf, unerschütterlich. Läßt sich keine Sekunde entgehen, in der in dem Raum immer weniger geschieht. (Das Schweigen mischt sich in das Schweigen so vieler Abermillionen seit Anbeginn der Zeiten und geht in die Ewigkeit des Schweigens ein.)

Eigentlich eine schöne, schwebende Atmosphäre. Alles vergeblich, aber das macht nichts. Sieben Leute atmen. Die Kamera läuft. Ihr entgeht nichts. Nichts von dem Nichtgeschehen in diesem Raum. Pedersen stockt. Pedersen schluckt. Pedersen lispelt. Stottert vage, verhaspelt sich. Pedersen bringt ein Wort hervor. Da, noch eins! Wie Raketen eines sehr vereinzelten Silvesterfeuerwerks. Platzen unter dem niedrigen Himmel auf, verglühn. Dann wieder eine lange Pause. Die Kamera surrt unergründlich weiter. Soll man vermuten: vergnügt?

Merkwürdig, merkwürdig alles. So eine komisch verwunschene Situation. Man hört die Vorhänge klappern. Busineßmeeting am rauschenden Bach. Was ist das?, fragt man sich. Ein antikapitalistisches Menetekel? Ein ganz normaler Geschäftsvorgang? Ein Einblick in die Unerklärlichkeit des Menschenwesens? Und wie in Schulzeiten will die Zeit einfach nicht vergehen. Jetzt bloß nicht an irgendwas erinnern! Aber geht sowieso nicht, die Anspannung ist viel zu hoch. Inneres Grundrauschen, die Angst, den Job zu verkacken. Wie Elektrizität zwischen den Ohren. Auf Pedersens stoppelschattigen Wangen glänzt ein unumstößlicher Schimmer.

Pedersen spricht. Laßt ihn sprechen! Neben dir schnurrt vertraut die Kamera. Dirk atmet flach. Das ist gut. Doch hört er den Interviewten eh nie zu. Immer nur Kadrierung, Akkustand, Schärfe ...

Vor dem Vorhang gleißt die Sonne. Scheint gleißend gegen den Vorhang an, der aufflammt wie erleuchtet. Pedersen spricht. Schafe weiden auf einem Berghang. Wasser kommt die Alp heruntergeflossen, es ist Frühling. Zufriedener Bauer kehrt abends heim zu Weib, Magd und Kind.

Oh – Pedersen hat aufgehört zu sprechen. Sieht dich brennend an. Man muß ihn mit einer neuen Frage versorgen. Wovon hat er gerade gesprochen? Keine Ahnung. Sagen wir einfach: Could you explain this a bit further?

What?, antwortet der ungerührt.

Hat doch nicht alle Tassen im Schrank. Schon vergessen, wovon er gerade noch sprach. Na gut, kein Wunder. Irgendein Stichwort, rasch: The aspect of scalability, please.

Jetzt nickt er, der Geschäftsführer, und macht sich wieder an den komplexen Vorgang der Mundöffnung ran. Scalability, extrem wichtig. Konsistenz hingegen ein geisteswissenschaftlicher Quatsch, der hier nichts verloren hat. Ein Wort gibt das andere, könnte man sagen – ohne zu wissen, was es tut. Dieses Nullzeugs kommt den Interviewten sonst aus dem Maul geschossen wie Wasser bei Sonnenstichigen.

Alle sitzen wir hier im Grus dieses kommerziellen Nichtgeschehens. Was kann uns passieren? Daß die Boniversorgung plötzlich ausfällt. Dann säßen wir aber da und glotzten in den leeren Nachmittag! – Zum Glück aber haben wir so viel Selbstvertrauen, daß uns Leere und Ödnis nichts angehn. Schließlich sind *wir* ja hier! Da *kann* das Geschehen gar nicht so unbedeutend sein. Minuten ticken Hand in Hand einher und hinaus, spielen Ringelreihen. Man geht im Kopf noch mal alle Kinderreime durch, die man kennt – gut, das dürfte für die nächste Vorstandssitzung reichen!

Höflinge des Geldes sind wir, die hier bei diesem Stotterer und Stammler stehen, ungerührt, und Minuten wie Prämien zählen. Tanz ums digitale Goldkalb. (Seit jemand bei McWorthy gemerkt hat, daß man Videos ins Internet stellen kann, drehn wir wie besessen.) Schweigen zu den empörendsten Dingen – wie diesem haltlosen fassungslosen Gestotter und Gestammel, dieser Negation menschlichen Sprechens! Schweigen, lächeln, kassieren. Und du, Holger-Bolger, mittendrin! Mitsitzen, mitschweigen, mitkassieren! Immerhin lächelst du nicht.

»Machen wir mal eine Viertelstunde Pause, die Akkus sind fast leer?«

Dann ist die Pause wieder vorbei. Die Salesjungs wispern. Pedersen räuspert sich. Catherine von Communications blickt besorgt und streng und angsteinflößend machtvoll-attraktiv aus ihrem engen Rock. Dirk kommt heran und flüstert, daß alle Akkus ausgewechselt sind.

Fozzy und Bing lachen, heiser vor Verlegenheit und Sorge. Pedersen kehrt auf sein honigkaramellfarbenes Sofa zurück. Er legt den Arm zurück auf die Lehne, genau dorthin, wo er vorhin schon lag. Er hat ihn während des Interviews nur ein- oder zweimal angehoben. Jedesmal hofftest du auf eine plötzlich imposante Geste, jedesmal sank der Arm auf die weichgepolsterte Lehne zurück.

Dirk springt noch einmal auf, murmelt etwas und tritt zu den eben erst ausgerichteten Lampen. Ist Pedersen eine Parodie, ein irrer Einfall der Wirtschaftsgeschichte oder einfach nur eine verstörend-schöne Abweichung vom Schema? Eine Epiphanie – oder, im Gegenteil, ein Sinnbild für die Unangreifbarkeit der Macht?

Der Tonmann, der vor dem Sofa auf dem Boden hockt,

brummt in ein unbenutztes Ansteckmikrofon, das er sich mit spitzen Fingern vor die Lippen hält. Hier ist es nicht wie im Märchen, sagt Catherine, ohne die Lippen zu bewegen.

Im Raum wird es still. Dirk beugt sich über die Kamera. Holger kann seinen Atem hören, so nah sitzen sie auf dem zweiten Sofa zusammen, damit der Mann im Bild in die richtige Richtung schaut. Dirks Weste mit den vielen Taschen schubbert am Stativ.

Alles wartet darauf, daß du die nächste Frage stellst. Also die erste noch mal, und dann jede einzelne wieder und wieder. Holger, der Worte-Borger. Der den Leuten am Schnittcomputer Aussagen in den Mund legen läßt, die sie so nie getroffen haben (aus Ungeschick), aber treffen wollten (bzw. wollen sollten). Oder: hätten wollen sollen. Zehn Prozent Preisnachlaß für den öffentlichen Referenzkundenauftritt. Lügen Sie für uns, dann lügen wir für Sie! Erfolgreiche Unternehmen des Mittelstands (bis 5000 Mitarbeiter) verwenden *cutting-edge*-Lösungen von McWorthy! Quatsch: Stümperklitschen stümpern unverändert weiter, können ihre miese Geschäftslage jetzt aber mit Wettersymbolen »visualisieren«. Na, mir egal (denkt Holger): Lügner, die Lügner dazu bringen, Lügner zu belügen. Niemand könnte ihnen ihre Glaubwürdigkeit nehmen! – Niemand, außer vielleicht dieser Pedersen ...

Vielleicht ist es einer dieser Momente, in denen man nichts begreift, und die Dinge zu ihrem eigenen Recht kommen, in merkwürdigem Glanz oder Schein. Ein Moment des fast schon Achselzuckens, kurz vor dem Aufgeben, wenn man doch noch einen Augenblick lang weiterstarrt wie geblendet oder blöd. Und schließlich weitermacht, obwohl es sinnlos ist, weil einem nichts anderes übrigbleibt, als das zu tun, was man immer tut.

»*Rolling*«, sagt Dirk.

Die Brücke im Wald

Die Tür des Spindschranks klemmt (natürlich). Am Waschbecken fehlt die Seife, vor dem Fenster hängt der gleiche düster-unheimliche Dämmerungsgrus wie vorhin beim Aussteigen aus der Maschine.

Versprengt ans Ende der Welt, in ein Hotel weit unter Standard: Mit dir können sie's machen. Du weißt es, Rena weiß es und wird es dir vorhalten. Aber ist da nicht auch ein ganz gutes Gefühl? Von Wichtigkeit, ubiquitärer Einsetzbarkeit, Unverzichtbarkeit? Besteht nicht gerade darin dein Mehrwert für die Firma, daß du in Notfällen da bist, einspringst, wo jemand ausfällt, immer zur Stelle bist, geradezu unverwüstlich? Dich am Nachmittag spontan von London nach Oslo schicken läßt, anstatt am Abend in Frankfurt mit Rena in *Per Anhalter durch die Galaxis* zu gehen (hoffentlich kriegt sie den Babysitter noch abbestellt)? Achselzuckend eine andere Maschine besteigst, einen anderen Kunden betreust – heißt das nicht, du kannst *alles, jederzeit*? Hohe *usability*.

Trotzdem: Sie wird sauer sein. Das läßt sich nicht ändern. Auch das mußt du hinnehmen.

Du hängst den Anzug für morgen (aus Vorsicht hast du immer einen zweiten dabei) in den wackligen Spindschrank und schiebst den Rollkoffer an die kahle Wand daneben. Die Unterlagen kannst du morgen früh im Taxi in die Stadt durchgehen.

Das Hotel liegt ziemlich weit außerhalb, dafür näher am Flughafen, in einem von bewaldeten Hängen umgebenen

Taleinschnitt am Ende der Landstraße. Du hast keine lange Taxifahrt mehr gewollt. Trotzdem wird man hier ja wohl ein Bier bekommen, oder nicht?

Wie spät? Inzwischen zehn vorbei. Trotz oder wegen der Aufregungen verspürst du keine Müdigkeit. Vor dem Fenster ist es immer noch genau so hell oder dunkel (oder beides nicht) wie vor einer Stunde, als du aus der Maschine gestiegen bist. Das zähe und seltsam weiche Schummerlicht, milchig grau, hat sich kein bißchen verändert. Vielleicht haben sie, ohne es dir zu sagen, die Zeit abgeschaltet. Wenn du zum Fenster siehst, schimmert der Wald herüber, als versuchte er, durch die Dämmerung ins Zimmer zu dringen.

Ein Bier oder zwei. Das hast du dir verdient. Die Müdigkeit kommt dann von selbst. Du wirfst noch einen Blick durch den von verwaschenem Grau erfüllten Raum, gehst durch die Tür, schließt ordentlich ab und nimmst den Fahrstuhl nach unten.

Das weitläufige Erdgeschoß des Hotels ist in Bars und Lounges aufgeteilt, die mehr oder weniger, nur durch ein paar Stufen und Säulen getrennt, ineinander übergehen. Es ist ziemlich voll. Männer sitzen an den Theken oder auf halbrunden Sitzbänken um runde Tische. Lastwagenfahrer, Monteure, Handelsvertreter, dem Anschein nach. Auf den Fernsehschirmen über ihren Köpfen laufen Fußballspiele. Jeder scheint jemanden zu kennen. Du kommst dir inmitten des Gebrodels einfacher Kumpelhaftigkeit und großartiger Gesten einigermaßen überflüssig vor (aber das ist nicht unbedingt etwas Neues).

Nach zweiundzwanzig Uhr wird nichts mehr ausgeschenkt, heißt es am Tresen der ersten Bar. Nein, in der anderen auch nicht. Jetzt fällt dir auf, daß ziemlich viele Gäste zwei oder drei randvolle Halbglitergläser vor sich aufgestellt haben. Clever.

Du stehst eine Weile zwischen den gutbesetzten Theken und Sitzecken herum, ohne dich zu rühren. Niemand nimmt Anstoß daran oder beachtet dich. Auch die blonde Bedienung nicht, die mit elegantem Hüftschwung ein Tablett leerer Gläser an dir vorbeilevitiert, während sie breit und willig in Richtung eines Unbekannten lächelt, irgendwo jenseits deiner Schulter.

Die Fahrt vom Flughafen führte durch einen endlosen Wald, der sich erst ganz zum Schluß auf den riesigen Parkplatz des Hotels öffnete. Dichte Wälder, die sich um leere Straßen legten wie Pelzkrägen um die Hälse russischer Oligarchen: So in der Art hast du dir Norwegen vorgestellt. Dazu passen die rauhen Kerle. Sie fühlen sich hier offenbar ebenso heimisch wie die Gäste in einem Londoner Pub.

Achselzuckend spazierst du durch die Lounge zum Haupteingang, wo sich die Glastüren geschmeidig öffnen und dich widerstandslos durchlassen. Das milchige Zwielicht setzt sich ohne Helligkeitsunterschied vom Hotelinneren auf den Vorplatz fort. Als wäre keine Minute vergangen, seit dich das Taxi abgesetzt hat. Merkwürdig!

Die Aufschriften der über den Parkplatz verstreuten Lastzüge lassen sich in der Dämmerung nicht entziffern. Ringsum dichter Wald. Ein paar Leuchtmasten tauchen die Parkfläche in einen gelblichen Schimmer. Männer stehen in Kleingruppen auf der Betonfläche und rauchen, ihre Silhouetten tragen glimmende Funken an Mund oder Hüfte.

Du gehst ein paar Schritte und zündest dir auch eine an. Vorhin hast du nur einen flüchtigen Blick auf das Hotel geworfen (ein würfelförmiger Klotz), doch jetzt auf dem

Vorplatz ist der Ort von einem ungewissen kantigen Zauber erfüllt. Fast wie im Kino: Ein mordlüsternes Motel im US-amerikanischen Mittelwesten, ein Mond für trunkene Havaristen abseits der Warprouten des Hyperraums, eine Ölbohrplattform in der Nordsee-ist-Mordsee. Ein Ort, an den du ganz sicher nicht gehörst (aber du kannst ja auch nichts dafür, daß du hier bist).

Du schlenderst im Schutz des Vordachs an den breiten Fenstern vorbei und saugst genießerisch an deiner *Lights*. Der norwegische Sommerwind, mit letzten Regentropfen gesättigt, weht dir den Rauch ins Gesicht. Jetzt müßte es aber wirklich bald Nacht werden – es sei denn, es wäre – aber ja, natürlich: Das fahle Licht (wie es in Romanen heißt) wird fahl bleiben – Mittsommernacht. Der dämmernde Abend, der das Land bereits am Airport überzog, wird nicht vor dem Morgen vergehen.

Trotzdem bleibt die Szenerie unwirklich genug. Im Gegenteil: Die rationale Herleitung verstärkt den phantastischen Anstrich noch. Es ist nicht bloß deine übermüdete überreizte Einbildung: Es ist tatsächlich Wirklichkeit. Der verlorene Abend in einem abseitigen Hotel in einem randständigen Land schenkt dir eine neue Erfahrung!

An der Seite des Hotels führt (an einigen mürrisch buckelnden Abfalltonnen vorbei) ein Fußweg über eine Wiese zu einer Sitzbank, die mal ein Baumstamm gewesen ist, und weiter mitten ins Laub seiner noch lebenden Verwandten. Aus einem der Zimmer über dir, in dem bei gekipptem Fenster die Vorhänge zugezogen sind, erklingt herzhaftes Gelächter.

Vielleicht führt der Weg bis auf den Hügel hinauf. Von dort läßt sich vermutlich das ganze Tal überblicken, Hotel und Zubringer und Parkplatz. Ein Abendspaziergang in dieser betäubenden Atmosphäre kann vielleicht beinahe so hilfreich sein wie ein Bier.

Du wirfst die Zigarette weg und überquerst die Wiese. Unmittelbar hinter der Baumstammbank beginnt ein asphaltierter Weg von vertrauenerweckender Breite. Zwischen den Bäumen ist es immerhin etwas dunkler als draußen, wenn auch nicht viel. Es riecht nach feuchter Erde und dem Überdruß eines Tages, der niemals in die Nacht eintauchen wird.

Du schwingst die Beine kräftig aus. Der Weg windet sich in Schlangenlinien steil bergan. Das Gehen ist anstrengender, als du erwartet hast. Das kommt vom langen Sitzen in Flugzeugen, Taxis, Meetings. Das ständige Vorzeigen von Bordkarten und Ausweisen an Flughäfen kann einen wahnsinnig machen. Taxis, in denen man nicht rauchen darf, fahren einen zu Gebäuden mit Rauchverbot, aus denen man in Flugzeuge steigt, in denen man sich besser nicht mit einer Kippe erwischen läßt, und nach der Landung bringen einen Nichtrauchertaxis zu Firmensitzen, an deren Eingang Aschenbecher wachen.

Dein keuchender Atem klingt fremd zwischen den fahl schimmernden Stämmen. Links unter dir schimmert das Dach des Hotels durch die Zweige und versinkt mit jedem Schritt ein bißchen mehr im Verwunschenen.

Ein bißchen was Gruseliges hat der Wald schon in diesem Dämmer. Man geht wie mit halbgeschlossenen Augen. Bei regulärer Dunkelheit hättest du dich bestimmt nie hierher verirrt. Aber die Hälfte sehen ist vielleicht schlimmer als gar nichts sehen. Dieses Licht – das keins ist, aber auch keine Dunkelheit – kann einen meschugge machen. Nichts ist hier klar, nichts eindeutig! Die Bäume sind keine Bäume, sondern halb verschluckt, halb verdaut von diesem Nebel, der auch keiner ist. Das Hotel ist kein Hotel, sondern ein düsterer Witz aus einem dystopischen Comic. Betongrauer Klotz in waldumgebenem Tal: jede Menge Symbolik! Vielleicht deine Strafanstalt, weil du immer zu allem ja sagst. Wie in *Wrong turn* und anderen Filmen, in denen Jetsetter in die Fänge von Hillbillies geraten. Du bist nur den Anweisungen des Backoffice gefolgt.

Die Steigung läßt unterdes schon wieder nach. In der Ferne dröhnt eine Autobahn. Du bleibst stehen, um dir noch eine *Lights* anzustecken, hörst Stimmen und hebst den Kopf. Ein paar Kehren unter dir wabern zwei halblaut murmelnde Schemen durch den Wald. Wahrscheinlich Lastwagenfahrer.

Der Weg führt jetzt in ausladeneren Schwüngen und Kurven bergan. Die Stämme der Bäume rechts und links strahlen mit ihren abgebrochenen Aststümpfen und ihrer moosbewachsenen, von Schründen durchzogenen Rinde etwas subtil Verächtliches aus. Als machten sie sich über den Spaziergänger lustig, den du hier ja nur gibst, weil die Bars geschlossen sind. Wenn die kleine blonde Kellnerin, die sich vorhin so elegant an dir vorbeigeschwungen hat, jetzt hier wäre, würdest du die Arme um sie legen, um inmitten von stachligem Gezweig und Geäst ihre Lippen zu finden, in diesem graustichigen Licht, das nichts zuläßt und nichts verbietet.

Die Stimmen unter dir sind verklungen. Du hörst wieder nur deinen eigenen Atem. Hoffentlich kommt bald die Kuppe! Vorher kehrst du ja doch nicht um; du kennst dich: Immer alles mitmachen, bis zum guten Schluß!

Das Licht zwischen den Bäumen: gleichbleibend grau. Seine eigentümliche Färbung tritt in dem vom Halbdunkel verzehrten Wald auch dort hervor, wo es gar nicht hingelangen kann: Selbst die Schatten sind mit seiner Milchhaut überzogen.

Als du eben ein letztes Mal an der Kippe ziehst, öffnet sich vor dir tatsächlich eine Art Hochplateau mit Lichtung. Die Bäume und ihr Geschling halten ehrfürchtig Abstand von einer Fußgängerbrücke aus massivem Beton, bestimmt drei Meter breit. Sie thront da wie ein Baudenkmal – Überbleibsel einer untergegangenen Zivilisation. Ein Inka-Tempel, efeuüberrankt und graffitibeschmiert. Du machst ein paar Schritte auf sie zu. Offenbar führt sie über eine Art Schlucht, einen tiefen Einschnitt jedenfalls im Waldboden. In einen zweiten Waldteil oder einen ganz anderen Wald. Ihr fernes Ende ist unter Schatten, Lichtgrus und Ästen nicht zu sehen.

Eine schon fast lachhaft symbolische Szenerie: Mitten im entlegenen Norwegen scheint diese Brücke auf dich gewartet zu haben! Wenn du hinübergingst – und, wie du es gern machst, dem Weg bis zum Ende folgst –, könntest du dein bisheriges Leben komplett hinter dir lassen. Nie gefunden werden! Weder von der Firma noch von Rena. Letzter bekannter Aufenthalt: dieses komische Hotel, wo sich niemand an dich erinnert. Ja, ja, die Buchung liegt vor, du hast dich eingetragen. Dein Gepäck würde, bis die Nachfrage die Rezeption erreicht, irgendwo im Keller landen. Und Gundersholms Osloer Kunde sitzt morgen vormittag ratlos in seinem Büro!

Zünde dir noch eine an! Um Rena wäre es schade, oder? Aber vielleicht fände sich eine neue Frau, norwegisch kühl, wortkarg. Sie würde nie fragen, wo du hergekommen bist, als du eines Morgens aus dem Wald stapftest, in zerrissenem Anzug, ohne Paß (den du unterwegs weggeworfen hättest), ohne Sprachkenntnisse auch. Aber wozu braucht man Sprachkenntnisse, wenn man ubiquitär verwendbar ist?

Ein ganz neues Leben, stell dir vor, und du müßtest dazu nur mal über die Brücke gehen. Eine halbe Stunde weiter und du fändest den Rückweg auch dann nicht, wenn du es wolltest. Vom Halblicht verschluckt, in Norwegen verschollen (wie Amundsen oder einer seiner Mitarbeiter). Du selbst würdest dein altes Leben schließlich vergessen (brauchtest nur lange genug niemandem davon zu erzählen): Rena, ihren Ex und ihre Kinder. McWorthys wertige Waren. Mitteleuropa mit seiner Vielfalt an stets anders zu bedienenden Wasserhähnen!

Über die Brücke verschwinden, die Nichtnacht umschließt dich. Holzfäller sein oder was weiß ich. Keine Terminabsprachen mehr, keine hochnäsigen Engländer in Canary Wharf, die höhnisch alte McWorthy-Slogans verballhornen: We demand, and you deliver! Gar nichts mehr verlangen, gar nichts mehr liefern. Von einem Tag auf den anderen leben, morgens den Tau wahrnehmen, abends das Dunkel der Wälder. Die große Einfachheit, nach der sich alle sehnen: Hier liegt sie griffbereit vor dir!

Aber das ist natürlich alberner Quatsch. Oder hast du Angst vor der Brücke? Jedenfalls sinnlos, drüberzugehen und dann wieder umzukehren (oder es versuchen, sich verlaufen, am Morgen übermüdet und zerfetzt ein Taxi oder einen mitleidigen Waldarbeiter finden und sich ins Hotel fahren lassen, peinlich, peinlich. Und in Teufels Küche kommt man auch noch).

Das feinkörnige graue Licht lockt trotz allem. Verlokkende Ungewißheit! Kein Vogel singt, kein Wind raschelt mit den Blättern. Die ganze Lichtung wie erstarrt, als wartete sie auf deine Entscheidung und machte die pathetischste ihr mögliche Musik in der ewiglich unversiegbaren Dämmerung.

Ein Leben ohne Verpflichtungen, in einem winzigen identitätslosen Kämmerlein eingeschlossen, aus dem man nie wieder herauskommt. Eine halbhelle Nacht, ein ganzes unbekanntes Land. Sich in nichts auflösen, spurlos verschwinden in einer fremden Landschaft – wenigstens für die anderen, während einem selbst ein ganz schmaler Rest von Erinnerung bleibt. Weil man eben nie ganz verschwindet, solange man selbst noch dabei ist.

Du wirfst die halbgerauchte Zigarette weg. Hat alles keinen Zweck; du wirst es ja doch nicht machen. Weil es dir niemand befiehlt? Ach, Blödsinn. Weil es besser ist. Du wirst in dieses bessere Schullandheim mit den radebrechenden Rauhbeinen zurückkehren, deinen Termin einhalten, dich bei Rena entschuldigen, deinen Job machen. Wozu jetzt ein anderes Leben anfangen, wenn es mit dem alten schon nicht – oder besser gesagt: eigentlich ganz gut klappt?

Du machst auf dem Absatz kehrt, läßt die Lichtung hinter dir. Schon schließt sich der Wald um dich. Bergab geht es rascher. Mußt sogar bißchen bremsen, um nicht zu stolpern. Die rauhen Stämme, die vorhin feindselig blickten, kucken jetzt eher erstaunt. Jaja, ich geb wieder nach, na und?

Plötzlich berührt etwas deine Schulter, drängt seitwärts, du kommst aus dem Tritt, verlierst das Gleichgewicht, taumelst ins Unterholz und krachst gegen einen kräftigen Stamm. Irgend etwas drückt dich dagegen, ein schraubstockartiger Schub zwischen den Schulterblättern. Hinter dir wird gemurmelt, zwei Stimmen, meinst du, verstehst aber kein Wort. Dann öffnet jemand mit geübtem Griff den Gürtel deiner Hose und zieht sie hinunter, und dann fummelt irgendwas an deinem Hintern herum, während eine (tiefe?) Stimme keuchende Laute ausstößt.

Was wollen die von dir? Deine Brieftasche? Hast du die überhaupt dabei? Warum lockern sie nicht mal diesen Eisengriff in deinem Nacken, dann könntest du sie in Ruhe fragen, was du für sie tun kannst. Das Gekeuche ist nervig. Das Geruckel auch. Dein Hintern fühlt sich ebenfalls komisch an. Irgendwie heiß. Irgend etwas schiebt sich zwischen deine Backen, drängt sinnlos vor, wo nichts ist außer einer verschlossenen Tür. Dann zerreißt ein greller Schmerz deine Verwunderung (der einzige Moment von Helligkeit an diesem Abend) und für ein paar Augenblicke oder Minuten (unmöglich zu sagen, wieviel Zeit vergeht) bekommst du praktisch nichts mehr mit. Es ist wie im Meeting, wenn man einschläft oder halb weggetreten ist und nur noch registriert, *daß* geredet wird, nicht aber, *was*.

Du kannst dich keinen Zentimeter bewegen, so fest preßt dich das eiserne Ding (die Hand, nimmst du an) in deinem Rücken gegen den Stamm. Die Brille, die sich gerade noch schief auf deiner Nasenspitze gehalten hat, fällt bei dem Geruckel hinunter. Deine Wange schubbert am Holz, an deiner Stirn schmerzt etwas, vermutlich ein Riß der Haut. Deine Nackenhaare stehen zu Berge, vermutlich, weil dir da jemand reinatmet.

Was immer sie da tun, es tut nicht mehr besonders weh, und allem Anschein nach beeilen sie sich auch. Es ist vielleicht besser, erst einmal Ruhe zu bewahren und sie hinterher zu fragen, was das sollte. Du spürst die rissige Rinde des Stammes in der Weichheit deiner Handfläche, was irgendwie tröstlich ist.

Die Situation erscheint dir ebenso unwirklich wie die zuvor an der Brücke. Was ist überhaupt Wirklichkeit? Unendlich skalierbare Rechensysteme? Rena? Zwei Männer, die einen dritten an einen Baum pressen? Nichts davon fühlt sich unmittelbar an. War das nicht ein Kennzeichen von Wirklichkeit, Unmittelbarkeit? Und wenn es die gar nicht mehr gibt? Trotzdem wärst du jetzt gerne nicht hier.

Der Mann in deinem Nacken seufzt, der unmenschliche Druck in deinem Rücken läßt nach. Dann spürst du ein paar Momente lang gar nichts mehr. Dein Anus pulsiert, das ist merkwürdig genug. Hinter dir Geraschel wie von sich entfernenden Schritten, doch es scheint besser, lieber noch einen Moment zu warten, bevor du deine Gegenüber mit deiner Verwunderung konfrontierst. Das hat sich in Verhandlungen oft als ziemlich nützlich erwiesen: erst mal bis zehn zählen!

Du räusperst dich und versuchst deine Stimme wiederzufinden, die die Kehle hinabgerutscht ist. Irgendwas in deinem Mund schmeckt salzig. Blut? Das kommt dir gerade recht! Du räusperst dich noch einmal und wendest dich um. Das langsame Licht liegt zwischen den Stämmen, als ob nichts geschehen wäre. Nirgends ist jemand zu sehen.

Und was sollte das jetzt? Wollten die bloß einen Geschäftsmann demütigen? Kichern sie irgendwo hinter einer Hecke kindisch über ihren Streich?

Du reißt ein Blatt vom nächsten Baum, säuberst deinen Hintern und suchst im schwach schimmernden Laub zitternd deine Sachen zusammen: das zerknickte Jackett (hast gar nicht mitbekommen, daß sie dir das ausgezogen haben), den herrenlosen Schuh – die Brille bleibt verschwunden. Die Hose mußt du bloß hochziehen, die haben sie dir angelassen.

Was ist hier eigentlich passiert? Wie soll man das einordnen? Vielleicht hast du die ganze Sache in dem Halblicht nur geträumt? Und das zerrissene Hemd? Vom Weg abgekommen, unglücklich gestürzt. So ein Pech, kann jedem mal passieren. Ja, so hört es sich am vernünftigsten an.

Und die beiden Männer? Du würdest ihnen gern sagen, daß es so nun wirklich nicht geht. Auf ein derart einseitiges Vorgehen läßt sich kein Vertrauensverhältnis aufbauen, keine nachhaltige Geschäftsverbindung. Das wenigstens müßte ihnen klar sein, wenn sie so etwas machten. Sie haben irgendwie südländisch gerochen (vielleicht auch eine fehlgeleitete Assoziation aufgrund der starken Behaarung des Unterarms und des Kinns, die einmal kurz über deine Wange fuhren), aber kaum etwas gesagt.

Du pflückst dir das Moos und die Rindenstückchen von Wange und Stirn, die sich vom Stamm gelöst und in deine Haut gesetzt haben. Der Mond scheint zwischen den Zweigen hindurch, steht jetzt hoch über dem Hotel. Fuchs und Hase, denkt man, amerikanisches Motel, Havarie im Hyperraum. Ob du in einer der Bars ein Glas Wasser bekommst? In deinem Zimmer aber auf jeden Fall.

Du trittst hinaus auf den mondbeschienenen Weg. Der After tut ein bißchen weh, aber dein Atem beruhigt sich allmählich, nimmt eine konzentriertere, zielgerichtetere Form an.

Auf dem Weg nach unten kommt dir niemand entgegen. Schon schimmert das Hoteldach wieder durch die Bäume, schon bist du am Fuß des Wegs, schon liegt die Sitzbank wie unbeteiligt im taufeuchten Wiesenglanz. Aus einer Reihe erleuchteter Fenster im Erdgeschoß dringen Gelächter und Geklapper. Dahinter muß wohl die Hotelküche sein. Jemand – ein undeutlicher Schemen-Jemand – öffnet eine Tür, tritt heraus und kippt Abfälle in eine der mürrischen Tonnen.

Du kauerst dich hinter den nächsten Stamm und streckst nur den Kopf hervor. Der Schemen (eher ein vierzehnjähriger Junge als eine kleine Frau) verschwindet wieder in der lärmenden Küche.

Wenn man zu den Tonnen hinüberschliche und sie als Sichtschutz nutzte, könnte man vielleicht die nächste Person, die herauskommt – mit etwas Glück eine der Bedienungen oder eine Küchenhelferin –, am Schürzenbändel packen und auf das monden schimmernde Gras oder in eine schummrige Ecke an der Hauswand zerren. Sich schadlos halten für das Geschehen dieser rechtlosen Nacht.

Zu deiner Enttäuschung kommt jedoch minutenlang niemand mehr. Alles in dir pocht, doch vergeblich. Bald darauf erlischt das Licht in allen vier Fenstern auf einmal und du meinst, eine Tür mit endgültiger Wucht ins Schloß fallen zu hören (oder bildest dir das Geräusch jedenfalls ein, weil es paßt).

Also trittst du aus dem Schutz des Waldes heraus, klopfst deine Hose ab (einige welke Blätter und ein halber Tannenzapfen haben dich bis hierher begleitet) und richtest notdürftig dein zerrüttetes Hemd (zwei Knöpfe sind zum Austausch im Wald geblieben). Auf dem Weg zum Haupteingang kommt dir ein Untersetzter in Tarnweste entgegen und fragt dich etwas auf Englisch. Du schüttelst bloß den

Kopf und läßt ihn stehen, gehst einfach weiter, ärgerlich, kopfschüttelnd über die sinnlose Ablenkung.

Die Lobby (die du vor Stunden verlassen zu haben meinst) ist nicht mehr überfüllt wie vorhin, aber immer noch voll. Keine Chance, die beiden Männer zu finden. Du hast sie nicht einmal gesehen. Und was sollst du ihnen auch sagen? Daß du den Umweg über Oslo ablehnst, nach Hause willst, nach Frankfurt? Dafür ist es ein bißchen spät.

Wieder fällt dir auf, daß das Licht drinnen exakt die gleiche Helligkeit und Farbe hat wie das draußen – als wären alle Wände lichtdurchlässig geworden, alle Grenzen aufgehoben – zwischen Wald und Lobby, Nacht und Neon, Ich und Du. Und genau so ist es ja auch.

Du siehst die Männer sich fahrig über die Gesichter wischen, die inzwischen fast leeren Gläser heben, in denen Reste einer abgestandenen Flüssigkeit schwappen. Ungeachtet deines derangierten Zustands beachtet dich niemand. Auf den meisten Bildschirmen läuft jetzt eine Pokerpartie. Die Karten in den flinken Händen tragen vergrößerte Symbole.

Schwere Müdigkeit überfällt dich wie ein Alp und legt alle deine Glieder lahm. Als hätte dir jemand den Stecker gezogen, fließt Energie nur noch aus ein paar zittrigen Kondensatoren. Dabei ist es höchstens Mitternacht. Trotzdem wirst du jetzt nicht anfangen, Streit anzuzetteln.

Im Fahrstuhl bist du zum Glück allein. Zurück in der Zivilisation! Zerrupft und müde. Der Blutgeschmack in deinem Mund ist weg. Einmal öffnet sich die Tür – ein Stockwerk unter deinem – und du glaubst, am Ende des Gangs einen schwarzen Rock aufblitzen zu sehen. Mit einem Schritt bist du draußen, doch als du die Ecke erreicht hast und den Kopf vorstreckst, ist niemand (mehr?) da. Der abzweigende Gang ist leer, die Zimmertüren sehen dich unbeteiligt an (kostbare Debütantinnen, die auf ein Zeichen der Puffmutter warten).

Dein Blick fällt in den schmalen Wandspiegel neben der Schuhputzmaschine: Du siehst wirklich so aus, als könntest du dringend Schlaf gebrauchen. Das Jackett hat einiges abgekriegt (Matsch, Blätter, Moos, Nadeln, Knicke) und dein Hemd ist nicht mehr zu retten. Du bist wirklich kein vorzeigbarer Anblick und wirst heute auch keiner mehr werden. Hinter einer der schweigenden Türen ertönt ein Stöhnen, das du sofort auf dein unmögliches Aussehen beziehst. Dann kommt aber noch eins und noch eins und noch eins. Zum Glück hast du Sachen zum Wechseln dabei.

Dein Zimmer: noch genauso klein und einsam wie zuvor. Es hat nicht einmal eine Minibar – eine Unverschämtheit! Allein schon deshalb hättest du den Trip ablehnen müssen. Man läßt sich wirklich viel zu viel gefallen. Mußt mal mit Rena darüber sprechen.

Vor dem Fenster ist das Licht noch genau so, wie es die ganze Zeit über war: unwirklich, feenhaft, irgendwie neblig und fast wie eine weitere Person im Raum. Du ziehst die Vorhänge vor und greifst nach den Schnüren der Jalousie. Geschmeidig gleiten die Lamellen am Aufzugsband herab.

Schrumpfende Margen

Man rettet sich ins Infinitesimale, dachte Heiner Lohbecke, obwohl ich das Wort noch nie aussprechen konnte. Das Hinabbeugen zu den Grashalmen, die immer kürzer werden. Wir können die Momente unseres Lebens ja nicht industriell vervielfachen, wie sollen wir mit schrumpfenden Margen klarkommen? Während gleichzeitig die Produktionsstätten ins Jedesmal-Gigantischere wachsen?

Mit dem Gesicht voran hatte er zwischen den Grashalmen gelegen, die einen in der Unschärfe verschwimmenden Dschungel vor ihm gemalt hatten: seine Zukunft als unüberschaubares Glücksgefühl. Nun war es sein gewaltiger Bauch, der ihn hinderte, der es ihm unmöglich machte, sich mit der Nase zwischen die kürzer gewordenen Grashalme zu begeben.

Überall schrumpfende Margen, dachte er und ließ den Blick durch die kleine Kantine in Gebäude 7 schweifen. Verkürzte Schlangen an der Essensausgabe, verkürzte Hoffnungen in den Leben der Angestellten. Letzte Nacht hatte ihn Tina umarmt und ihm ins Ohr geflüstert, sie würden ewig zusammenbleiben. Das hatte ihn mit gemischten Gefühlen erfüllt. Ewig – war das nicht ein anderes Wort für endlich? Eine aufgeblähte Vokabel, die die Endlichkeit von allem nur desto deutlicher machte? Wollte er »ewig«, also bis an sein Lebensende mit Tina zusammensein? War sie ihm nicht immer ein wenig zu klein erschienen, zu schüchtern, zu grau, zu angepaßt? Und nun: ewig? Und dieser aufgeblähte Zeitraum umfaßte auch nur noch gut zwanzig oder so Jahre, bis er die durchschnittliche Lebenserwartung des europäischen Mannes erreicht hatte: 75.

Das waren keine Gedanken für die Kantine. Der Blick hinaus ergab: gepflegte grüne Wiesen mit einzeln stehenden, sehr sorgsam gesetzten Büschen. Ein paar Bäume am Rondell, die sauberen leeren Gehwege neben den Straßen auf dem Firmencampus. Er räumte seine Unterlagen zusammen, legte Tasse und Löffel auf das grüne Tablett und schickte sich an, sich zu erheben.

*

Alles wird kleiner, kürzer, vervielfacht sich dafür aber, jedenfalls in der Industrie. Mir fällt höchstens die Verkleinerung meiner Erfahrungen rückblickend auf. Immer denke ich: Kenn' ich schon, kenn' ich schon.

Lohbecke fuhr sich durch das schütter gewordene Haar, die langen blonden Strähnen, die über seinem Schädel zuweilen noch immer in die Höhe standen nach besonders aufreibenden Geschäftsverhandlungen. Das Meeting war für zehn Uhr angesetzt, er hatte noch nichts im Magen. Widersprüche, wohin man blickte.

Würde es ihm etwas bringen, sich mit den Kollegen von F & E und den Kunden zusammenzusetzen? Also: würde es *ihm* etwas bringen?

Die Freude über Erfolge bei solchen Verhandlungen, die ihm die ersten sieben Jahre seines Berufslebens versüßt hatte, war schon lange dahin. Nach ihr war der Stolz auf das Erreichte gekommen, doch unabwendbar hob sich der Blick immer weiter, wanderte aus den Niederungen einzelner Abschlüsse auf das Gesamtbild der Firma, eine

Art inneres Organigramm, in dem er noch ganz passabel dastand, und dann aber unerbittlich weiter auf die ganze Welt, oder das, was Heiner Lohbecke davon in den Blick bekam. Und da gab es ganz andere Typen, die ganz andere Dinge machten als er. Vollkommen andere Leben, von denen er nichts wußte, die er sich kaum vorzustellen vermochte. Trotzdem waren sie so normal wie seins und wurden auch so normal gelebt wie seins. Nahm er jedenfalls an. Trotzdem: Er konnte sich nicht vorstellen, daß man dabei auch an einen solchen Punkt kam wie den, an dem er jetzt war. Rein logisch betrachtet mußten solche Leben ebenfalls langweilig werden. Aber irgendwie leuchtete ihm das nicht ein.

Er überlegte, was er gern getan hätte. Einen Ölbohrturm in Riad bauen. Ein ehemaliger Schulkamerad von ihm war als Bauleiter in der arabischen Welt tätig. Heiner beneidete ihn und beneidete ihn nicht. Er wollte nur ein *anderes* Leben, ganz egal, welches. Nur für ein paar Tage. Und Tina? Mochte zu Hause hocken und sich die Augen nach ihm ausweinen. Nach ein paar Tagen war er dann wieder da.

Vor ihm hielt schimmernd der Fahrstuhl.

Schlüpfrige Maden.

*

Oder zum Beispiel: die Sonne geht unter. Ihr Licht wird immer dünner. Der Abstand zum Horizont nimmt ab. Willst du dich da noch mit einem Badetuch an den Swimmingpool legen? Dieser schmaler werdende Spalt – ein Sargdeckel, der zufällt. Und am nächsten Morgen wachst du auf, und alles ist anders. Wird nie mehr so wie vorher.

Die Eiskugeln in den Eisdielen werden kleiner. Ihr Geschmack nimmt ab, er verliert an Intensität, sosehr sich die Eisdielenbesitzer auch um exotische Kreationen bemühen.

Man kann nichts dagegen tun. Das Leben wird schneller. Das Licht dünner, blasser. Die Eiskugeln kleiner.

*

Wir fuhren mit einem Maserati 311 vor. Die ganzen Hochhäuser, die um den Platz herumstanden, verbeugten sich vor uns. Sie beugten sich auf der Motorhaube des Wagens nieder, als wir ausstiegen und zu den Fahrstühlen gingen, um in die obersten Etagen zu fahren. Ich trug damals immer diese Anzüge von Cerruti. Van-Laack-Hemden darunter.

Oder ein Garagentor, das zufährt, in einer Vorstadtsiedlung. Du siehst richtig, wie es zu Ende geht. All die Frauen mit den ausgefeilten Frisuren und den lachenden Mündern. Die Kinder sitzen auf ihren Plastikautos auf dem Rasen und ahnen nichts.

Er lachte.

Osteuropa nach der Wende, Asien, das waren mal Märkte. Wenn der Pro-Stück-Gewinn sinkt, mußt du einfach mehr produzieren. Du mußt mehr produzieren, damit du mehr absetzen kannst, damit der Preis sinkt. Du mußt den Gewinn pro Stück reduzieren und die ganze Welt mit deinem Scheiß überfluten, damit du mehr Gewinn machen kannst.

Die Produktion in Hongkong, die Produktion in China. Alles mit Problemen verbunden. Tschechien war längst lachhaft.

Die Welt wurde kleiner, die Probleme wuchsen in irrwitzigem Tempo. Die Lösungen interessierten ihn immer weniger.

※

Mit jedem Stockwerk, das er hinauffuhr, wurde die Welt kleiner. Weit unter ihm lag sie, während er durch Glas und Stahl und Eis fuhr. Gespiegelte Oberflächen, gebürstetes Aluminium. Das leise Surren der hydraulischen Motoren. Der Druck auf dem Ohr, immer zunehmend. Schon als Kind immer Probleme mit den Ohren, die Ohrtrompete zu klein, der Druckausgleich unmöglich.

※

Und was die kleine Prostituierte in der Hotelhalle in Singapur getragen hatte. Völlig unverständliches Zeug. Er wußte gar nicht, wo die lebte, in welcher Welt. Dieser Rock, dieses T-Shirt. Das Mundwerk bedenkenlos, wie abgekoppelt vom Gehirn. Es interessierte ihn weder, sie zu besitzen, noch irgend mit ihr zusammenzusein. Er mußte nur den Druck loswerden, sich entspannen vor dem Meeting am nächsten Morgen. Herrjeh, diese Welt, diese Menschen!

Wurde nicht alles kleiner, war nicht alles im Sinken? Ein ewiger Sinkflug war über der Welt, überall schrumpfende Margen. Man mußte gar nicht an zu Hause denken, an die holde Gattin. An die Damen vom Literaturclub, die immer größere Broschen trugen. Üppige Blüten auf der erschlaffenden Brust.

※

Ich pack meine Sachen und geh', dachte er auf dem Weg zum Büro, durch die Glasfronten der Meetingräume und Einzelkabinen. Seine Sekretärin, als sie von ihrem Stuhl aufsprang, als er den Raum betrat, lächelte ihm zu. Alles so irre beschleunigt, rasante Abläufe, wie geschmiert. Aber wozu?, nahm er den Gedanken wieder auf, da saß er schon an seinem Schreibtisch und Valeska besorgte ihm einen Cappuccino mit frisch geschäumter Milch. Auch das Sachenpacken und Weggehn, dachte er, geschähe durch diesen kleineren Spalt, wie die schrägen Sonnenstrahlen, wie die Eiskugeln ohne Geschmack. Es hatte keinen Sinn, es war zu spät. Er sah aus seinem Fenster im Turm hinab auf die Stadt, die sich in den Fenstern der andern Türme spiegelte. Dann griff er zum Telefon.

Wie Wasser

Dr. Braune lachte. Sein kräftiger Leib wogte, seine kurzrasierten Wangen zuckten, seine Äuglein waren verkniffene kleine Schlitze. Sein Oberkörper schnellte aus dem Sitz und dann hart in die Lehne zurück, er öffnete den Mund, fuhr sich wie erschrocken mit der Rechten darüber, stieß ein meckerndes Gewieher aus, das sich – hoffentlich hörbar – in das Gelächter seiner Kollegen im Saal mischte. Sein Bauch hob und senkte sich wie bedrohlicher Seegang, und er legte beide Hände auf die Weste, als müßte er Wellen der Heiterkeit niederhalten, die ihn in Stücke zu reißen drohten. In seine Augenwinkel schossen Tränen, die die Lider füllten, übertraten und seine runden Wangen hinabrannen.

Der Film, der auf der großen Leinwand gezeigt wurde, war ein mit flotten *drums* und lustigen Zwischentiteln versehener Zusammenschnitt der Versprecher und Verhaspler, die ihm bei der Aufzeichnung eines seiner Vorträge über modulare Systemarchitekturen vor drei Monaten unterlaufen waren. Der Film war nicht halb so komisch gewesen, als er ihm in einem Hinterzimmer der Agentur vorgeführt wurde und man ihn um seine Zustimmung zur Verwendung beim jährlichen Kickoff bat. Es war ihm sogar entfallen, daß der Film überhaupt gezeigt werden sollte. Deshalb hatte er auch nicht daran gedacht, sich einen strategisch günstigen Platz zu suchen. Er saß in einer der hinteren Reihen neben Dietmar Osig, dem Langweiler, mitten unter ihm völlig unbekannten Kollegen aus Norddeutschland.

Auf der Leinwand sagte sein Gesicht gerade: »... diese

*m*odul … na: mo*dul*da … nee: *m*oduldingsbums … – Machen wir das noch mal?«

Dr. Braune klopfte sich umsichtig auf die Schenkel, meckerte, wieherte, schniefte, beugte sich kopfschüttelnd vor, seufzte vernehmlich: »Ich kann nicht mehr«, schaute zu Osig hinüber, der breit zur Leinwand grinste, gluckste, lachte wieder auf, schüttelte sich und brach wieder in Gelächter aus. Längst taten seine Lungen weh, schmerzten alle möglichen kleinen, ihm unbekannten Muskeln, die er sonst nie gebrauchte, da er doch eher ein Mann des Schmunzelns war, des kurzen, gepflegten, humoristischen Schnaubens.

Sobald es sich im donnernden Applaus nach Abblende und Firmenlogo ohne Aufsehen machen ließ, stand er auf und verließ den Saal. Aber auch auf dem Gang standen Kollegen. Er schwenkte rechtwinklig nach links und ergriff aufs Geratewohl die rettende Klinke einer sich anstandslos öffnenden Tür.

Dahinter erstreckte sich ein vereinsamter Waschraum (wie das in so einem vornehmen Tagungshotel wohl hieß). Drei Handwaschbecken nebeneinander, weich geschwungene, bauchige, mit jeweils einem verwundert blickenden, kreisrunden Spiegel darüber; von weißen und schwarzen Kacheln umgeben. Ein Papierhandtuchspender, ein silberner zylinderförmiger Papierkorb mit Fußpedal.

Dr. Braune stützte sich auf eins der Becken, hielt den Kopf gesenkt, und atmete ein paarmal durch. Sie hatten gelacht, na klar. Deswegen hatte man den Film ja gezeigt, zur allgemeinen Erleichterung, Erheiterung nach den Fachvorträgen und den Einspielern mit Statements überzeugter Referenzkunden und den üblichen Motivationsreden zum Jahresanfang (neue Herausforderungen, noch mehr *com-*

mitment, noch größere Anstrengungen – nie wurde ein Jahr der Ruhe oder auch nur des Weiter-wie-bisher ausgerufen).

Und dazwischen er mit seinen fachmännischen Verhaspelungen. Klar, daß sich die mit all den Erfolgsmeldungen beschossenen Vertriebler diebisch freuten, einen Experten an den Komplexitäten scheitern zu sehen, die sie in den nächsten Monaten tagtäglich beim Kunden vertreten sollten.

Er hätte nie gedacht, daß ihm die Vorführung des Films etwas ausmachen würde – schließlich hatte er Humor und kannte sich mit der als neuester heißer Scheiß gehandelten Modularität wirklich ganz gut aus. Andererseits schien es ihm jetzt nicht mehr so sicher, ob die versammelten Vertriebler im Saal das auch *wußten*.

Am liebsten wäre er gleich anschließend auf die Bühne gegangen und hätte aus dem Stegreif einen Vortrag gehalten – nur, um es ihnen zu beweisen. Er stieß einen Schwall Luft durch die Nase und fuhr sich durchs Haar, das obenrum auch immer dünner wurde.

Jeden Scheiß mußt du mitmachen, dachte er, und immer noch weißt du nicht vorher, wann wieder eine Demütigung daraus wird. Immer noch finden sie neue Möglichkeiten, dich aufzuziehen, zu necken, deine Erwartungen und dein Selbstbild zu durchkreuzen, letztlich: dir deine totale Fungibilität unter die Nase zu reiben.

Er hob den Kopf und sah in den Spiegel über dem Bekken, auf dessen breitem Rand seine Hände lagen. Von jenseits der Tür drangen Lärm, Musik, Stimmen, Applaus. Die Veranstaltung ging ihrem Höhepunkt und Abschluß entgegen. Schiffner-Sender schritt zur Bühne. Er würde die allgemeine Heiterkeit als Boden für pathetisch-praktische

Appelle nutzen: Wenn wir alle Opfer bringen, den entscheidenden Schritt mehr machen, uns noch entschlossener reinhauen dieses Jahr, die Konkurrenz schläft nicht, der Markt ist ein galoppierendes Pferd ...

Dr. Braune drehte den Wasserhahn auf.

Zum Wiehern. Na klar. Warum nicht einfach Galapagos-Pferd? Und ihn hielten sie jetzt für ... halbdement. Freude über die Fehler des großen Architekten. Als ob er immer so scha-präche: Schrawullski, -weppski, -wobbsi! Hasenfarbenes Lippengefasel. Der Hase im Mond – so sah man das in Mexiko. Pferd und Hase einander gute Nacht – Hirngedanken immer schneller als die umbarteten Lippen! Vom Bart beschwert. Bartenwale. Dümpelnd in einer mondscheinbesungenen Bucht vor Ohio. Moment – da war gar keine, oder? Na, egal. Modulare Systemarchitekturen – geht doch!

Wie kommen wir aus dieser Nummer wieder raus, Herr fehlkonstruierter Architekt? Was für ein blasiger Schwachsinn (während immer noch Wasser über meine Hände läuft). Fehlkonstruktionen, grammatische. Lexikalische. Unfälle beim Assoziationstransport. Wie *das* wieder alles hieß ... Namen, Namen, Fachbegriffe. Ein Kinderreim.

Hol ihn vom hohen Trapez herunter, den singenden Fehlkonstrukteur! Was habe ich getan, daß ich so vorgeführt werde? Herr, warum hast du mich verlassen? Ans Clownskreuz geschlagen? Vor allen Leuten. Damit andere ein Geld verdienen. Gut dastehn. Herrjeh und ach! (Mein Gott, was ich da alles wieder nur denke: Kopfschüttelnd mein Spiegelbild über den fließenden Wassern.)

Modular, midolor, madelar. Wer wollte mir die lustige Sprachgymnastik mit den Kinderreimen verbieten? O lekko mio! Wat soll'n dat überhaupt? Spaßgesellschaft ... dann wieder Umsatzzahlen! Die konnten ihn mal ... im Mondschein ... aussprechen lassen! Das große faselnde Gesicht auf der Leinwand: Jedes Barthaar einzeln (Bartenwale schwammen in seinem Gesicht)! Patsche mir jetzt etwas Wasser auf die Stirn ... sieht aus wie Tränen. (Schnell weg! Rubbel-rubbel ...)

Molilothosch. Frankenstein. Beliebig skalierbare Loslösungen auf Frankensteinbasis! Er konnte reden, was er wollte! Sprachverbieterservice! Sollten sie eben Filme draus machen, aus seinen Spri-Spra-Sprachschnipseln! Nonsensgefasel. Peterchens Mondfahrt. Molekularität eben.

Yps-Hefte. Wan-Tan-Suppe. Alles in seinem Leben schon gekostet. Vorkoster ihrer Majestät Schiffner-Sender. Wenn bloß die Typen nicht immer so selbstsicher wären! Ach, dämmernde Erkenntnis! Auftauchen von Gedanken aus der brodelnden Molekularität! Modalverben! Plüsch und Plum! Sofasessel! Sofa- und Sesselfurzer! Ach, Gottchen. Alles wisch- und wegski! Assoziationspalast: Alles rein, meine kleine Molly Bloom!

Die Tür hinter ihm wurde geöffnet. Zwei von den Jüngeren kamen in ihren straffen Anzügen herein, redeten eifrig aufeinander ein und verschwanden im Raum mit den Urinalen.

Dr. Braune beugte sich reflexhaft vor und hielt die Hände ins Wasser. Offenbar war Schiffner-Sender fertig, der offizielle Teil beendet. Sonst hätten diese Strebertypen nie den Saal verlassen. Wenigstens lachten sie nicht mehr.

Niederschmetternd genug, daß über einen gelacht wird. Nach dreißig Jahren. Wenn ich Chef dieses Unternehmens wäre (Gottkaiser der Galaxis), *ich* würde meine Mitarbeiter immer fair behandeln. Ich würde sie nie auf Weisen einsetzen, bei denen sie nicht gut dastehen können ...

Ach, was solls! ... Selber Moduldingsbums! ... Hätten mich wirklich vorwarnen können, irgendwie vorbereiten ... Allerdings ist es ja nun einmal so: Wirklich *vorbereitet* ist man heutzutage nie!

Wenn er sich mittags sein Insulin spritzte, hatte er auch manchmal das Gefühl, der winzige Pieks sei eine Botschaft (von wo?) und irgendwie dazu da, ihn aufzuwecken (aus einem Schlaf, von dem er nichts wußte). Doch dann löste sich der kleine Schmerz binnen Sekundenbruchteilen stets wieder spurlos in den trägen Weiten seines Körpers auf.

Im Grund waren ohnehin die Typen von der Agentur an allem schuld. Die schnappten nach jedem Auftrag wie ein verhungerter Fisch nach ... Jedenfalls konnten sie lange suchen für ihren nächsten Videocast oder wie das wieder hieß.

Er stellte das Wasser ab, trocknete sich die Hände mit einem grauen Öko-Papierhandtuch. Gerade noch rechtzeitig fiel ihm auf, daß er es zu sorgsam machte, sich an diesem papierenen Handgemenge festhielt, zauderte. Pontius Pilatus. Sofort flog das Papier in den Papierkorb, er wandte sich mit einem Ruck um und öffnete die Tür zur Lobby.

Gleichzeitig trat auch das Lächeln auf sein Gesicht – oder erstand dort als Spiegeleffekt, denn Dietmar Osig (mit dem fliehenden Kinn) kam lachend auf ihn zu, mit ausgestreckter Hand, um ihm zu seinem Humor zu gratulieren, seiner Fähigkeit, über sich selbst zu lachen und zu erlauben, daß man diese Outtakes zeigte, wirklich köstlich das Ganze, er zitierte, genüßlich schmatzend: »Ach, was rede ich denn hier eigentlich für dummes Zeug« und »molo- ... moli-... *monolithisch*«.

»Daß du das mitgemacht hast«, rief Osig lachend und zog ihn hinaus auf den Gang, wo jetzt die Saleslemminge dem Ausgang zustrebten. Andere, die vorübergingen und ihn wiedererkannten, klopften ihm lachend und anerkennend auf die Schulter. Dr. Braune dachte bei sich, daß es klüger war, den *benefit* einzustreichen und sich nicht allzu viele Gedanken zu machen. Sorgsam achtete er darauf, daß ein mildes Lächeln auf seinen Zügen lag, denn er wollte nicht als eitel gelten, ebensowenig wie als humorlos.

Lili

Die elektronischen und elektrischen Gerätschaften, die in Hellbachs Hotelzimmer verteilt lagen, blinkten satte zufriedene Bereitschaft in dessen Dunkel hinaus. Sie verbanden sich darin mit einigen Fabrikschornsteinen, an denen ein rotes Pulsieren Flugzeuge warnte, und ebenjenen Flugzeugen, die blinzelnd die Stadt überquerten. Er war von blinkender Bereitschaft umgeben (alles war bereit, nur er nicht, ein paar Tausend Kilometer zu weit entfernt, um bereit zu sein am Vorabend des zweiten Geburtstags seiner Tochter): Das kleine rote Auge der Vodafone-Karte, die aus seinem Laptop ragte, das Display seines Mobiltelefons, das die steigende Akkuladung vermerkte, die Standbyleuchte des Hotelfernsehers. Dazu kamen, weniger auffällig, aber schließlich auch da, der zarte Sekundenzeiger seiner Tag Heuer, die scheinbar unbeachtet auf der flachen Bettdecke lag, und die leise ratternde Festplatte des Laptops, die gerade damit beschäftigt war, die neuesten Mails aus dem Netz herunterzuladen und in freie Sektoren zu schreiben. Wie aufs Stichwort sprang jetzt rasselnd der Kühlschrank an, der hinter seinem braunen Eichenfurnier die Minibar enthielt, aus der die winzige, inzwischen beinahe leere Whiskyflasche stammte, die Hellbach mangels bequemerer Abstellflächen neben die anderen vier auf den dezent gemusterten Hotelteppich gestellt hatte. Als er nach ihr griff, ging unten vor der Einfahrt ein Taxi in Stellung, Türen wurden aufgerissen und schlugen lärmend zu. Die summenden Geräte ließen sich nicht stören.

Lili, wie er sie in zärtlicher Nachahmung ihres letztjährigen Stotterns – sie hieß Liane – nannte, würde jetzt schon zu Bett gegangen sein. Sie lag in ihrem vom weichen Schimmer bedruckter Lampenschirme umgebenen Bett und lauschte aufmerksam ihrer Mutter, die ihr eine Gutenachtgeschichte las. Irgend etwas mit Märchen, Bärchen, Klärchen.

Man mußte sich dem Kind langsam nähern. Lili war nicht die schnellste, in allen Dingen. Sie hatte spät sprechen, sie hatte spät laufen gelernt. Er hatte mit Almut nächtelang über Büchern gebrütet, die die Entwicklung im Kleinkindalter schilderten, alle sehr behutsam, unter der ständigen Beteuerung, nichts davon sei verbindlich, alles vielmehr individuell – was Hellbach inzwischen bezweifelte: *Alle* anderen etwa gleichaltrigen Mädchen waren schneller, wacher, reifer als Lili, die an manchen Nachmittagen stundenlang auf ihrem Topf saß und einfach nur zum Fenster hin starrte, ohne irgendein Körperteil auch nur einen Millimeter zu bewegen.

Er goß sich den mageren Rest aus der viel zu kleinen Flasche ins Glas, erhob sich umständlich vom Boden, schlenkerte die Beine aus und trat, nachdem er einen Augenblick lang ruhig dagestanden hatte, an das nackte Glas des Fensters, das in die Nacht hinausging und die Nacht in sein Zimmer hereinließ.

Sein Blick haftete an der Scheibe, auf der sich Tausende Lichter aller möglicher Farben abzeichneten, die nichtssagende Internationalität einer nächtlichen Großstadt. Leuchtreklamen, Lichter, Logos, irgendwo auf der Welt, irgendwann in der Zeit – und er war allein und niemand war bei ihm und Lili war weit weg, und allein das zählte und machte diesen Ort zu dem Ort, der er war.

Lili war das glatte Gegenteil zu alldem. Er liebte sie, weil sie kein glitzernder blitzschneller Zug war, keine Leuchtreklame, kein blitzsauberes Marmorfoyer, keine Vorstandsetage. So langsam, so zart, so interesselos, so verträumt. Er wollte ihr alles bieten, wovon sie träumte (wenn sie in ihrem schwerfälligen Behagen denn tatsächlich von etwas träumte). Und was sie brauchte – Ärzte womöglich, obwohl Almut sagte, es würde noch alles gut, sie sollten noch ein bißchen auf die natürliche Entwicklung warten, Vertrauen haben … In wen oder was? Das sagte sie nicht.

Er machte sich selbst den schmerzlichen Vorwurf, nicht genug für sie zu tun: Da war zwar ihr Haus draußen vor der Stadt, da war der Garten. Wenn Lili wollte, bekäme sie einen Hund, seinetwegen einen Delphin. Aber sie schien nichts zu wollen – das war das Problem, und eine Antithese zu ihm. Sie saß nur da, die kleinen verschleierten Augen auf nichts gerichtet, als lauschte sie in sich hinein – aber auch da war dann: nichts.

Almut hatte den Plan, ihr Studium wieder aufzunehmen, bereits stillschweigend begraben. Noch machten sie sich etwas vor – in ihren offiziellen Verlautbarungen am Eßtisch, am Telefon den Großeltern gegenüber, in deren Stimmen Verunsicherung lag, am Wochenende in Lilis Zimmer, wenn sie ihr Bälle zurollten und Lichtspiele bewunderten und keine Reaktion von der Kleinen kam.

Im letzten Sommer hatte er überlegt, Almut zu verlassen – eine Frau, die ihm kein gesundes Kind schenken konnte –, wie irgendsoein Fürst im Mittelalter es getan hätte – und ein paar seiner Kollegen mit Sicherheit auch. Es wäre in Filmen so gewesen, der böse Manager, die allmählich selbständiger werdende Frau …

Aber vielleicht brauchte er Lili sogar. Wundersamer Gedanke in diesem von Lichtpulsen (wie von Zeichen einer tieferen, allem zugrundeliegenden Realität) durchstochenen Hotelraum im Irgendwo: Lili als notwendiger Gegenpol.

Vielleicht half sie ihm auf den richtigen Weg, band ihn an ein Zuhause, verortete, erdete ihn in der Welt der Vielfliegerei. Vielleicht reichte es in Wirklichkeit, wie sie es machte, einfach dazusitzen und zu sein, nichts zu denken, nichts zu machen, einfach nur mit sanftem Atem zu warten. Worauf? Daß die Sterne verloschen – oder eben immer bunt weiterblinkten, nur so, einfach so, vertraut wie der eigene Atem, fern wie nur sonstwas, in alle Ewigkeit, verspielt, ein Spiel.

Er trank den letzten Schluck aus dem fünften Fläschchen und legte sich aufs Bett, wobei er versuchte, den Anblick des Fensters mitzunehmen, in sich zu bergen, weil er ihn irgendwie mit Lili teilen wollte, ihn ihr nahebringen, als Teil seines Lebens und als Lockung der Welt, den Anblick eines Fensters auf eine fremde Stadt, fremde Nacht, in der er Lili gesehen hatte, ihr gegenübergesessen hatte, als wäre sie die Prinzessin dieser Stadt und nicht bloß Kaiserin ihrer Reglosigkeit.

Nach ein paar Stunden schlechten Schlafs erwachte Hellbach am nächsten Morgen mit einem Brummschädel und einem Herzen voller warmer Gedanken. Lili war des Nachts durch seine Träume spaziert, federleicht und fröhlich, als hätte sie ihm sagen wollen, daß ihre übliche Trägheit und Abwesenheit doch nur die bedauerliche Nebenwirkung des Erdenkleids wäre, das sie hienieden zu tragen gezwungen sei. Im Traum – in der wahren Welt – fiele diese lächerliche Hülle von ihr ab und zerspränge zu einem unerheblichen

Häuflein profanen Materials, das in Wahrheit keinen Menschen festhielt oder trug.

Er schüttelte sich den Schlaf aus den Augen und schüttelte den Kopf gleich weiter, als sein gesenkter Blick auf die leere Flasche fiel, deren dunkellilafarbenes Etikett vor dem leeren Glas deutlich sinistrer wirkte als gestern nacht, als es mit dem goldenen Schimmer des Whiskys hinterlegt gewesen war.

Die Sonne stand noch nicht hoch über der Stadt, das belegte der fahle Blauschimmer vor dem Fenster, der anhebende und seiner selbst noch, wie ein Sänger, der die Stimmbänder dehnt, unsichere Lärm, der von den gerade erst erwachten Straßen heraufdrang. Lili, die eine Frühaufsteherin war – das einzige, worin sie früh war –, würde jetzt schon in ihrem blauen Schlafanzug mit ihrer Mutter an dem kleinen Kindertisch sitzen und die beiden Kerzen ausblasen – sie hatten ausgemacht, damit nicht auf seine Rückkehr zu warten (es hätte ihm das Herz gebrochen, wenn sie wegen seiner internationalen Verpflichtungen auf ein Geburtstagsritual verzichten müßte).

An der Rezeption legte er eine seiner Kreditkarten auf den Tresen und kniff die Augen zusammen, als der Portier, ein mittelalter Herr mit sorgsam über den Kopf gekämmten Strähnen, lächelnd zu ihm aufsah: Offenbar war der Rausch noch nicht verflogen, er schwebte im Whiskyland und träumte von seiner Tochter.

Im Flieger nahm er sich das neueste Strategiepapier vor, schlief aber bald darüber ein, und als er träumte, träumte er von Lili, schwebend im Lotossitz auf einer Wolke.

Sie landeten bereits gegen halb acht in Frankfurt. Irgendwelche Winde über dem Atlantik waren günstig gewesen.

Allerdings war ein Anruf von Garske auf seinem *mobile*, und er mußte wirklich und tatsächlich noch einmal ins Büro. Die Tatsache, daß er gerade vom anderen Ende der Welt kam, spielte für niemanden hier eine Rolle. Die Realität war in ihren Forderungen unnachgiebig.

Es hatte keinen Sinn, halbe Sachen zu machen, es hatte keinen Sinn, nach Hause zu fahren, wenn man mit dem Kopf noch in der Firma war, und seinem trägen Kind halbherzig und flüchtig einen Geburtstagskuß auf die abwesende Wange zu drücken.

Frankfurt lag bunt und scheckig in der Nacht, als er auf der Rückbank des Taxis, das ihn von Sachsenhausen her in die Innenstadt brachte, aus dem Seitenfenster sah. Hier waren im Prinzip dieselben Lichter aktiv.

Garske wartete am Empfangstresen, er zupfte am Revers seines Jacketts, tatsächlich so dringend war die Sache. Sie fuhren gemeinsam hinauf, in den Wänden des Fahrstuhls vielfach gespiegelt, was umso deutlicher machte, daß es allein auf sie ankam.

Die Amis waren am Durchdrehen, wie Garske gesagt hatte; hatten sich aber, als Hellbach nach halbstündiger Beratung mit Köhler drüben anrief, halbwegs beruhigt. Was immer noch schlimm genug war. Anschließend machte er sich eine Liste der Maßnahmen, die er ihnen versprochen hatte, und schrieb hinter jede den Namen eines Kollegen, der sie umsetzen sollte. Die Liste gab er Garske, dann übersah er Köhlers Winken und machte, daß er zum Fahrstuhl kam.

Das Taxi setzte ihn um kurz nach zehn vor der Haustür ab. Almut kam ihm im Flur entgegen, umarmte ihn. Sie saß schon bei einem Glas Rotwein. Lili schlief. Sie war einfach auf dem Teppich eingeschlafen, während Almut mit ihr auf den Papa gewartet hatte.

Sie schlief gut, seine Tochter: mühelos ein und wachte mühelos auf, schlief die ganze Nacht durch und muckste sich nicht. Dafür war der Unterschied zum Wachsein manchmal kaum zu bemerken.

Er hängte seinen Mantel an die Garderobe, stellte die Tasche ab. Almut holte ein zweites Glas aus dem Buffet, aber er stieg schon die Treppe hinauf in den ersten Stock, bemüht, keinen Lärm zu machen.

Die Tür war nur angelehnt, ihr kleines buntes Lämpchen drehte sich, ließ farbiges Getier über die Wände springen. Sie schlief, ihr schniefender Atem zog durch das Zimmer, das jedesmal leise zu erbeben schien, wenn er stockte.

Hellbach kniete sich hin und starrte eine Weile auf das kleine Gesicht, den herzförmigen Mund, die vertraute Ausdruckslosigkeit.

Er hatte ihr ein kleines Geschenk gekauft, ein Mitbringsel fast nur, ein silbernes klimperndes klingelndes Ding, von einem Händler im Gedränge der Straßen erstanden, im jähen Aufblitzen einer höchst gegenwärtigen Erinnerung an das Kind, wie es im Schneidersitz vor dem Sofa sitzt, erwartungslos, als er mit Nakamura zum Abendessen gegangen war. Das kleine Schmuckstück war vor allem eins: auf quecksilbrig glitzernde Art lebendig, es funkelte in alle Richtungen, und das war es, was er seiner Tochter wünschte: Lebendigkeit.

Er legte die Kette mit dem fuchsköpfigen Anhänger vor ihren leicht geöffneten Mund auf das Kopfkissen, besann sich anders und legte sie auf den Nachttisch neben dem Bett. Aber dort würde sie das Geschenk beim Aufstehen übersehen, also steckte er es wieder ein. Er würde es ihr am Frühstückstisch überreichen, auch wenn es wahrscheinlich zu wenig war, zu klein, zu hilflos, um die Mauer ihrer Gleichgültigkeit zu durchbrechen. Vielleicht gab es auf der ganzen Welt nichts, das das vermochte.

Ob sie verstand, daß er nicht hatte bei ihr sein können, ob sie abstrakte Dinge jemals verstehen würde? Ob sie wußte, wie sehr er nicht nur hier, vor ihrem Bett kniend, sondern auch in einem fernen Hotelzimmer an sie dachte? Einen Augenblick lang wünschte er sich, ebenso gleichgültig zu sein wie sie. Er schloß die Augen. Einfach nur dasitzen, dasitzen und lauschen, lauschen auf die wundersamen Regungen der wundersamen Welt unterhalb der Dinge, zu der Lili Zugang zu haben schien. Dann begann er ihr leise und langsam ein Lied zu singen, ein Weihnachtslied, weil ihm gerade kein anderes einfiel.

Abenteuer in Südamerika

An einem Rand der globalisierten Welt, überlegt Bauer (der Unscheinbare aus dem Team von Gisbert Schön, der in der Kantine immer bei den Hydropflanzen sitzt), in einem Schwellenland, Entwicklungsland, in Südafrika, Asien, Lateinamerika, die Firma noch ganz unbedeutend und klein. Niederlassung in der Hauptstadt, nicht mehr als eine kleine Etage. Zweiter Stock eines alten Hauses in einer Seitenstraße am Rand der lärmigen Innenstadt. Er selbst, wie er jeden Morgen die stillen Straßen hinuntergeht, noch bevor der Ort erwacht. Zwei oder drei Kollegen (einer ständig auf Reisen, einer säuft) und eine Frau für Büroarbeit und Empfang und Trost. Sie wird noch Sekretärin genannt; die neuen Wörter brauchen, bis sie die Ränder erreichen. In einer stillen Straße mit ein, zwei Autowracks ohne Reifen. Der Säulengang vor dem Haus, Schutz vor der unbarmherzigen Sonne. Das Wellblechrollo vor der Eingangstür, oder so ein Gitter, das man jeden Morgen aufschließt. Bauer stets als erster. Unten ein Laden für alles mögliche, kann man sich jederzeit ein billiges bonbonfarbenes Soda holen. Lärm und Gerüche. Einfache Leute, die nicht wissen, was McWorthy ist, das schenkt einem himmlische Ruhe, die Weltfirma, die hier bloß Fachleute kennen. Die Controller der Zentralen verirren sich nur alle Jahre einmal und werden dann mit Schnaps Tequila Pulque ruhiggestellt; dafür hat man ja den Säufer. Ruhiges Arbeiten, unbeachtet, in der Sicherheit des Konzerns.

Auf Kundenbesuchen die zähen trägen Gespräche mit

Leuten, die gar nicht das Geld für unsere Lösungen haben, manchmal nicht einmal die Probleme, aber geschmeichelt sind vom Besuch des Repräsentanten eines anderswo so bedeutenden Unternehmens. Wie man das dem Controller erklärt, wie man hier den Boden bereitet für zukünftige Abschlüsse fast beliebiger Höhe, nur eben jetzt geht leider vorerst wenig. Die sanfte Melancholie abendlicher *tavernas*. Die sanfte Brise vom Meer.

Zwei Europäer, ein Ami und ein Einheimischer. Die Sekretärin auch einheimisch. Die Rufe und die Brise vom Meer her am Morgen – das Büro liegt in einer Stadt am Meer. Nicht, daß er da hingehen würde. Jedenfalls nicht oft. Man muß es ja nicht gleich täglich anstarren wie ein Tourist.

Der Säufer ist der Ami, der Einheimische kaum einmal im Büro, immer auf Achse. Will sich beweisen, einerseits, glaubt andererseits an den Erfolg der Firma in seinem Land, will drittens auch dieses Land, seine Heimat, mit unseren *cutting-edge*-Lösungen voranbringen, verzweifelt an der Sturheit und Beknacktheit seiner Landsleute, die er doch liebt, die auf dem Hosenboden sitzen in schlecht klimatisierten Büros, unter unförmigen fliegenverklebten Deckenventilatoren, die Hosentaschen zugenäht. Verzweifelt über sie, beschwört sie aufrichtig, reinen Herzens, mit hochgerissenen Augenbrauen und betend oder bettelnd aneinandergelegten Händen, Software zu kaufen und den Fortschritt mitzumachen, ohne dabei eine Sekunde lang an seine Provision zu denken. Trägt jeden Tag einen frischen Anzug – eine fast schon tragische Figur (man ist da doch viel ausgeglichener als Europäer, ruhiger, souveräner), geht wöchentlich zum Friseur (bei dem Bartwuchs muß er auch). Während der Ami ab und zu verklebt und vertrunken ins Office taumelt nach einer dreitägigen Trinktour im Anschluß an ein versoffenes Wochenende (verwandt mit jemandem, Vice-President-Ebene oder höher).

Wer ist der zweite Europäer? Er selbst jedenfalls ist ein bißchen in die Sekretärin verliebt, Consuela, mit der wunderbar altmodischen Brust-raus-Haltung, dabei erst Ende zwanzig, prall und jung. Sorgt für ihre alte Mutter und so weiter und wird sich keinesfalls auf irgend etwas einlassen, da die halbe Verwandtschaft am Tropf ihrer Anstellung in der Niederlassung hängt.

In Gedanken an sie kann man gut melancholisch zum unsichtbaren Meer gehen; das man hinter den Häusern und weiteren Häuserreihen hangabwärts weiß, nicht gerade in Fußentfernung, aber was kostet ein Taxi denn hier? Man denkt also an das nahe Meer, überlegt Bauer, geht aber in einer ganz anderen Straße abends in der Dämmerung an den *cantinas* vorbei und träumt davon, Consuela zum Essen auszuführen, nach einem Mörderabschluß mit Mordsprovision. Weiß aber in Wirklichkeit genau, daß man das gar nicht wirklich will, noch nicht, es nur angenehm findet, davon zu träumen, weil es einen traurig macht, und die sanfte Vorstellung von Consuelas im Meerwind wehendem Haar.

Im Winter fährt man in die Berge raus, im Sommer ist es dort zu heiß. Betriebsausflug mit dem kleinen Büro, der kleinen Mannschaft: der Säufer hängt an der Flasche, säuft sich gleich wieder zu, der Einheimische erzählt von tausend Projekten, die er in der Pipeline hat, von allen, mit denen er demnächst ins Geschäft kommen wird, glühende Augen, funkelnder Optimismus, während man selbst ... natürlich mit Consuela spricht, halbes Ohr auf den einheimischen Kollegen, und Consuela ist das Versprechen von Leidenschaft, solange man nicht zu ernst macht mit ihr und ihr zu nahe kommt, denn dann springt gleich wieder die unüberwindbare Mauer hoch, die Sorge um die Mutter, die Verwandten, die Verantwortung und so lange nichts mit Kollegen, bitte, überhaupt nichts, das die Stellung gefährdet.

Aber was macht der zweite Europäer, wer ist er, mit wem spricht er und wie kommt er bitteschön hierher? Ein Spanier aus der Verwaltung, ein Controller, ein trockener Zahlenfurz? Oder ein Engländer, herrisch und beherrscht, der einem mit kühlem Spott den halben Tag verdirbt, aber was arbeitet der dann da?

Auf jeden Fall ist der auch hinter Consuela her, gar keine Frage – dieses aufdringliche Getue bei jeder Gelegenheit, man bekommt die junge Frau ja kaum einmal je für sich allein zu sprechen – und gar nicht wie Bauer selbst, der eher ein platonisches Interesse verfolgt, oder jedenfalls ein weiter in die Zukunft gerichtetes, vages, unklares. Der dritte Mann aber, dieser Europäer unbekannter Herkunft – Holländer? Ja, am ehesten Holländer, aus Rotterdam oder Delft oder, was weiß ich, Den Haag –, der will gleich Ergebnisse sehen, wenigstens bei Consuela, wenn es schon im Verkauf schleppend läuft. Der will sie am liebsten gleich hier und jetzt auf den Tisch zerren, den ärgert ihr Geziere, wie er es nennt, der hält es kaum noch aus, Samenstau bis unter die Hutkrempe!

Und jetzt auf diesem Betriebsausflug in die Berge kommt es zum Showdown, jedenfalls zum Eklat: Der Holländer kommt steif und hochrot auf den Tisch zu, an dem Bauer mit Consuela etwas abseits sitzt, man sieht, er will sich nicht um die Früchte seiner Aufdringlichkeit bringen lassen, kommt heran und schnaubt, was geht denn hier ab? Axel heißt er, hochblond das Haar, hochrot der Kopf – ein gar nicht unstämmiger Kerl, während er ja, Bauer, trotz seines Namens eher schmächtig ist. Der alte Scherz, er könne im Inneren eines Notebooks löten.

Aber egal, für seinen Traum spielt das keine Rolle, für die Geschichte um Consuela, die soeben das Haar zurückwirft, funkelnden Auges, herrlich, übrigens, wenn sie leicht genervt ist – und wieder wird ihm klar, warum sein Annäherungsversuch auf Jahre hin ausgelegt ist. Nicht nur wegen des abzuwartenden Todes ihrer Mutter, nein, weil es viel herrlicher ist, so eine Klippe erst nach langer Zeit zu bezwingen, der Wert steigt mit dem Aufwand. Und dann: sie seinen Namen hinhauchen hören, während sie endlich das Geheimnis ihrer gerüschten Bluse lüftet, hinter herabgelassenen Rollos an einem Vorstadtnachmittag – und das Haar zurückwirft – und sich ihm hingibt mit allem Stolz, den sie hat, nicht gebrochen, überredet oder verführt. Da macht Axel was falsch, der pokert viel zu niedrig; der zerstört das, was er begehrt, um es zu kriegen, einfach aus niederländischer Dummheit und Ungeduld, und hinterher hat er nichts, schaut auf die zerbrochene Frau in seinen Händen und wundert sich, was er je an ihr fand, wenn sie schluchzend über dem Messinggatter seiner Bettstatt hängt.

Aber jetzt kommt er auf Bauer zu, hochrot und wütend, hat wahrscheinlich mit dem Ami getrunken. Offenbar will er es endlich wissen, sich nicht länger vertrösten und wegschieben lassen. Die Hitze setzt ihm zu, der Alkohol steigt ihm in den Kopf, die Höhenluft macht ihn noch leichtsinniger, als er ohnehin schon ist. Zweihundert Pfund glühgesichtige Entschlossenheit. Die Mexikaner an den Nebentischen nehmen schon Fluchthaltung ein, halberhoben. Consuela starrt wütend zu Axel hin.

Sie wird sich nicht wehren, schießt es Bauer durch den Kopf, wenn der Holländer mit beiden Händen auf die schlechtgehobelte Tischplatte niederfährt, zornigrot der lichtempfindliche Mond unter schimmerndem Flachs, und nach ein paar gezischten Worten ihren Unterarm mit schraubstockartiger Umklammerung packt. Sie wird kurz hochfahren, sich winden im Versuch, den Arm zu befreien, die Mähne gefächert wie in einem Werbespot für Shampoo, aber dann letztlich doch kein Aufsehen erregen wollen und der honigroten Lampe zwischen den Tischen und Einheimischen hindurch nach draußen folgen, zwischen irgendwelche Büsche und Felsen. Immerhin ist er formal ihr Vorgesetzter, und der Gewaltanteil des zornroten Schraubstocks liegt letztlich noch unter jener unsichtbaren Schwelle, von der ab man die UNO rufen kann. Und wenn sie zurückkehrt, ein paar Flechten im Haar und im Ausschnitt und den Ausdruck trotziger Ungebrochenheit im erhitzten Gesicht, wird sie für Bauer verloren sein oder noch schlimmer: wertlos. Sie wird ein paar Wochen brauchen, bis sie einen neuen Job gefunden hat, schlechter bezahlt, aber besser mit ihrem Stolz, ihrer Würde vereinbar, und dann kündigen, während Axel nicht einmal auf den Boden spuckt, wenn sie ihm den Büroschlüssel auf den Schreibtisch knallt.

Nach diesen wie rasend abgelaufenen Überlegungen sieht sich Bauer auf einmal etwas Unerhörtes tun: Er steht vom Tisch auf, noch bevor der Errötete ihn erreichen kann, und stellt sich dem Holländer in den Weg. Er packt ihn sogar am Arm und drängt ihn, seinen Schwung aufnehmend und umlenkend, in eine dunkle Ecke der *cantina* ab, in der zwei bunte Miniatursombreros als einsamer Wandschmuck versauern. Dort redet er beschwichtigend auf den Wütenden ein, unterstützt von dem Griff am Arm, der Axel sicher Schmerzen bereitet, das sieht er an dessen Gesicht. Er lokkert ihn nicht, soll der Kollege ruhig ein bißchen leiden, soll ihn der Schmerz ernüchtern.

Tatsächlich senkt er jetzt wie einsichtig den Kopf, doch plötzlich wechselt die Szenerie (gegen Bauers Willen: Es kann ein Geräusch im Großraum gewesen sein, eine Wolke, die vor dessen Scheiben über den Himmel fährt) und er steht mit dem Holländer in einer schummrigen Gasse in der Nähe der kleinen Niederlassung. Es ist Nacht, Dunkel lauert in den abfallübersäten Ecken, Hunde heulen in der Ferne. Axel hält eine Pistole in der Hand (Schwarzmarkt?). Anscheinend ist der Traum unvermittelt in die Zukunft gesprungen und die endgültige Entscheidung steht an – viel zu früh für Bauers Empfinden.

Er zögert einen Augenblick lang, vielleicht läßt sich die Sache noch geradebiegen, der Kampf vermeiden. Plötzlich nimmt Axel gegen jede Regel Gestalt und Züge des Deutschlandchefs an: Die Haut belebt sich, der Flachs dunkelt nach, die kurze Nase springt vor und bemächtigt sich einer Brille. Schiffner-Sender kuckt genauso verwundert, wie er es in Besprechungen immer macht – wo dieser Blick, diese kuriose Andeutung des Nichtverstehens, ein mächtiges Druckmittel ist.

Hier aber, in der dunklen Gasse, in der Schiffner-Sender nie zuvor war, macht ihn genau diese Miene wehrlos. Ohne Mühe entwindet Bauer den ratlosen Händen des Verdutzten die Waffe und verweist ihn mit unnachgiebiger Strenge des Kontinents.

Dann blickt er sich verwundert um. Wo ist Axel? Die nächtliche Gasse ist leer, der Rivale verschwunden. Consuela?

Mit doch leicht zitternder Hand verstaut er die Pistole im Jackett und eilt zum Büro. Trotz der Kürze der Strecke ist es schon hell, als er ankommt. (Manchmal, wenn er nachts nicht schlafen kann, legt er eine Kassette mit Musik aus seiner Jugend in den Rekorder, den er aufgehoben hat, und hört über Kopfhörer, um die Nachbarn zu schonen, Dinosaur Jr.s oder Pearl Jams ans Herz gehendes, lärmunterlegtes Gejammer, bis über den Einfamilienhäusern der Siedlung der Morgen graut.)

Consuela, ihre reizende kleine Rollkartei in der Hand, erwartet ihn an ihrem Schreibtisch mit niedergeschlagenen Augen, die linke Hand um den rechten Oberarm gelegt, noch immer beschämt vom Fluch ihrer Attraktivität, doch voller schamhafter Bewunderung für den Mann, der einen hochroten Holländer ohne Aufsehen zur Raison bringen kann.

Bauer schaut auf von seinem Tisch, niemand sieht ihn, niemand sieht zu ihm, niemand weiß, was er denkt. Trotzdem, an diesem Punkt ist Schluß mit Consuela, weiter geht es nicht, er spielt ja auf Zeit. Er wird noch Jahre brauchen, denkt er, bei freundlicher Schätzung, bis er mit dem Mädchen so weit ist; jetzt steht erst einmal wieder die Vertriebskonferenz an, in drei Minuten fängt das Meeting an.

Er steht auf, verläßt den Tisch, auf dem Weg noch eine Cola am Automaten ziehen. Dreht sich noch einmal um, über dem Schreibtisch scheinen Consuelas Haare zu wehen, durchscheinend schon, und immer mehr verblassend, und draußen vor dem Fenster ist deutscher Sommer.

Ein Schwächeanfall

Henrik Brujan befand sich in einem kleinen Neubauhotel in Braunschweig, am Stadtrand, in der Nähe eines Gewerbegebiets, als ihm klar wurde, daß es nicht mehr ging. Das Fenster seines Zimmers zeigte einen ordentlich gefegten Hof mit Gehwegsteinen in Wellenform, darauf säuberlich getrennt Tonnen für Altpapier, Verpackungen, Glas und Restmüll. Er endete an einer (sonnenbeschienenen) Mauer, die, zusammen mit der fensterlosen Wand des Wohnhauses nebenan, den Blick auf die Straße verstellte.

Eben noch hatte er scheinbar in tiefer Ruhe auf dem schmalen Bett gesessen (in einem echten Einzelzimmer, das es hier noch gab) und vage über den nächsten Kundentermin nachgedacht (Betzko KG, abteilungsübergreifende Datenbankintegration) oder genau genommen an gar nichts gedacht, und dann wußte er plötzlich (mit seltsamer Klarheit), daß es das gewesen war und daß es in einer Minute vorbei sein würde.

Er nahm den Laptop aus der Tasche, legte ihn auf den Tisch und schaltete ihn ein. Das Hotel verfügte natürlich über WLAN. Ungeduldig, mit einer Hand seine verschwitzte Brust kratzend, sah er dem Hochfahren des Betriebssystems zu.

Draußen vor dem Fenster zwitscherte ein Vogel, fuhr ein schwerer Lastwagen vorbei, schrie ein Kind. Dr. Riedle hatte ihm geraten, kürzerzutreten; aber wenn er kürzertrat, war er nur noch schneller unterwegs.

Er dachte an die kleinen gläsernen Kammern mit Tisch,

Stuhl und Telefonapparat, in denen man, wenn man beim Telefonieren auf das Grün des Firmencampus' starrte, im Rücken zuweilen die bohrenden Blicke von Kollegen auf dem Gang spürte, die neugierig kuckten, wer sich denn da so wichtigtuerisch abzuschließen hatte (aber das war vielleicht auch Einbildung). Er hatte die offenen Arbeitsplätze in den Großräumen nie gemocht und Telefonate nach der Umstellung auf das *Flexible-Office*-Konzept lieber von zu Hause aus geführt, außer wenn es gegen Quartalsende darum ging, Präsenz zu zeigen.

In einem dieser *Quiets* hatte er vor sechs Monaten eine Art Schwächeanfall erlitten – vom Stuhl stolpernd und mit zwei hilflosen Händen über die Scheibe der Glastür zum in diesem Moment völlig leeren, verwaisten, öde daliegenden Flur fahrend und kratzend, weil er den Türgriff nicht fand, oder fand und nicht bedienen konnte, oder bedienen konnte, aber die Tür trotzdem nicht aufkriegte, weil inzwischen sein viel zu schwerer, viel zu schlapper Körper (das Herz darin rasend und zugleich wie nicht vorhanden, wie ein Vogel, der schon halb davongeflattert war oder es jeden Moment sein würde) gegen sie gefallen oder gesunken war, an ihr lehnte, nur von ihr noch aufrechterhalten wurde. So war sie nicht zu öffnen gewesen, die Tür, nicht, wenn so ein Gewicht gegen sie drückte, das er selber war, weshalb ihm nichts anderes blieb, als mit übers Glas stotterndem Kinn auf die Knie zu rutschen, in welchem Augenblick ihm endgültig schwarz vor Augen wurde und Friedhelm Weß von der Auftragsabwicklung den Gang betrat, der ihn gleich finden und die Tür gegen den nur langsam wegrutschenden Widerstand seines erschlafften Körpers ruckweise aufschieben, den Raum betreten und einen Notarzt verständigen würde, während Frau Küppers tatsächlich den Defi aus dem Foyer holen ging (oder vielmehr lief). Doch bis sie damit zurückkam, saß er zum Glück schon wieder aufrecht und mit geöffnetem Hemd an der Wand und trank Wasser aus einem Becher, den ihm Friedhelm gebracht hatte. Er war dann nach Hause gegangen.

Er überlegte, ob er vorsorglich aufs Klo gehen sollte, verspürte aber nicht den geringsten Drang. Der Laptop war inzwischen hochgefahren. Wie viel Zeit hatte er noch? Ein Erstaunen von alptraumartiger Behäbigkeit, diese Müdigkeit in seiner Brust, seinem Kopf, seinem Herzen.

Irgend etwas klopfte da jetzt wieder, Ungutes verheißend. Er fand auf seiner Brust seine Hand liegen wie ein Vorzeichen, mit dem ihn ein Unbekannter warnen wollte. Erschrocken löste er sie von seinem klebrigen Hemd.

Ging es wieder los? Sollte er vielleicht einen Notarztwagen rufen? Oder nur den Arzt, nicht den Wagen? Aber wie sollte der Arzt dann hierhergelangen? Zu Fuß? – Nein, im Taxi; sollte er ein Taxi rufen? Aber wozu, sein Termin war erst in einer Stunde, und dort würde er nicht mehr erscheinen. Wozu also ein Taxi?

Plötzlich klingelte sein Smartphone. Das technische Geräusch zerriß die Stille seines In-sich-Horchens und wirkte inmitten der schweigenden Möbel des Zimmers wie plötzlicher Gesang auf einer Beerdigung.

Er entschied sich nachzusehen, wer es war, erhob sich ächzend und ging zu seiner unausgepackten Tasche hinüber. Aber es hörte schon wieder auf, bevor er sie erreicht hatte.

Wahrscheinlich war die Mailbox drangegangen, oder der Anrufer hatte es sich anders überlegt. Vielleicht wollte auch der Kunde den Termin absagen, den sie nachher hatten – tut mir leid, aber ich kann Ihre Absage leider nicht mehr entgegennehmen, ich bin selber gerade im Begriff abzusagen ...

Dreißig Jahre, dachte er. Meingott. Dreißig Jahre. Das Diplom und diese einzige, dämonische Bewerbung. Davongezwitschert die Jahre: Ein rasches Vöglein flog von einem Fenster zum anderen. Sein Herz, das unverdrossen weiterschlug über all die Initiativen, Incentives, Quotierungen hinweg.

Es war immer nach vorne gegangen, immer. Wellentäler, Wellenberge, ja. Aber im großen Ganzen –

Er erinnerte sich, wie er einmal als Kind eine Murmel verfolgt hatte, deren grüngefächerte Füllung einen winzigen Makel aufwies, den er beim Davonrollen über den Boden seines Zimmers (und unter sein Bett) regelmäßig aufblitzen sah, immer an derselben Stelle der Rotation, der sich aber nie zeigte, wenn er die Murmel suchend in der Hand hin- und herbewegte. Das war wie der Blick in ein Universum hinter dem unseren gewesen, herbeigeführt durch schlichte Beschleunigung. *Keep on rolling.*

So wie dann später noch einmal in Key Biscayne. Diese fantastischen Sonnenuntergänge. Die junge Schwarze an der Promenade in dem über und über mit Muscheln besetzten Kleid. Seine drei großen Abschlüsse mit Siemens kurz nacheinander. Wie sie ihn in der Vertriebsabteilung des Headquarters die Glocke läuten ließen (ein Schlag pro Viertelmillion): ein ohrenbetäubender Klang, sein Hirn in Splitter puren Glücks zerschmetternd. Und in Key Biscayne am Strand flatterte ihm ein kleiner, goldener Schmetterling vor der Nase herum, als wollte er ihm eine strahlende Zukunft verheißen. Er hatte weinen müssen, als die Sonne breitflächig über dem Horizont des Meeres zerfloß. Später hatte ihm Vance, Director Sales Worldwide, in der Lobby des Tagungshotels anerkennend zugenickt. Und in einem Hinterzimmer hatten ihm seine Ami-Kollegen beim Pokern die Hosen ausgezogen.

Braunschweig, dachte er.

Noch einmal mußte er lachen. Das schmiedeeiserne Hämmern in seiner Brust hatte sich zu einem regelmäßigen Pochen verflüchtigt. Der kleine Vogel flog weg. Sein Brustbein fühlte sich so dünn wie Papier an.

Er tippte die Mail, ein rascher, flüchtiger Satz, schickte sie ab und klappte den Rechner zu, das alles war eine Bewegung. Dann war es vorbei.

Er sah sich um, er hatte alle Sachen gerichtet, alle seine Angelegenheiten versehen, soweit er es sah und soweit es ihm von hier aus möglich war. Auf der Kunstblume in der Keramikvase auf dem Tisch saß eine vorwitzige Fliege und putzte sich.

Er setzte sich auf das Bett und wartete.

Großvater erzählt vom Krieg:
Jakob und Elvira in der globalen Welt

Ich muß vorweg betonen, daß ich die Geschichte nicht glaube. Sie ist ein Gerücht auf den Fluren, in den Kantinen EMEAs (und fast ebenso vielgestaltig wie dieses Gebiet). Mit so ausgedachten Namen zumal: Jakob und Elvira – hübsch gewählt, aber doch kaum wirklich zeitgemäß. Ich habe noch nicht genau herausbekommen, in welcher Absicht man sie sich erzählt (aber das werde ich noch), ich will sie nur einmal in einer der wechselnden Formen festhalten, in denen sie auf den Fluren unserer Niederlassungen kursiert – sie festnageln, soweit das möglich ist, um endlich Klarheit hineinzubringen. Fakten, die man nachprüfen kann, um dann das ganze Gespinst in Nichts aufzulösen (denn es hat aus meiner Sicht das Potential, die Geschäftsprozesse zu stören).

Und was für eine Geschichte ist das nun? Die zweier Liebender, die nicht zusammenkommen, obwohl sie bei derselben Firma (unserer) angestellt sind. Die Mär von den zwei Liebenden, die der globalisierte Geschäftsprozeß trennt. Ich weine schon, wenn ich das nur höre. Andererseits ist sie bei den Mitarbeitern sehr beliebt. Wo sie auftaucht, entsteht so ein *shock-and-awe*-Moment, eine Art ahnendes Raunen geht durch den Raum. Köpfe werden gehoben, Augenbrauen schießen in die Stirn. Schweigen breitet sich aus. Jeder denkt sich seins (also alle dasselbe), ist angerührt, geht – »nachdenklich geworden« oder eben gut protestantisch »still« – zwischen den zeigefingerhaft aufragenden (vorher unbeachteten) Hydropflanzen aus der Kantine auf den Gang hinaus und vermeint plötzlich einen Luftzug zu spüren, der ihn »ganz persönlich meint« und abermals »anrührt«. Einen persönlich an ihn gerichteten Wink des Schicksals – und das verstehe ich nicht.

Am Anfang, so will es die Fahrstuhl-Fama, sehen sie sich in die Augen bei einer Saleskonferenz im Schwarzwald, sehen da etwas (nehme ich an), das sie zueinander hinzieht, glauben es nicht, verabreden sich »bei den Thermoskannen«, treffen sich ein halbes Jahr später bei einer andern Konferenz wieder. Voneinander angetan, unerklärlich zueinander hingezogen – na und? Es war im Schwarzwald, und die Uhren schlugen Liebe (oder wie soll man das sonst erklären). Jedenfalls: Blicke gaben einander die Klinke in die Hand der Tür zu schüchternen Gesprächen an den Kaffeeausgabestellen (wie das ungefähr fünfzigmal passiert auf jeder Saleskonferenz). Jakob denkt, als er in Frankfurt ein White Paper liest, urplötzlich an die Muttermale auf ihrem arbeitsam entblößten Unterarm. Elvira findet nachts im Bett das Bild seines »verschmitzten« Lächelns hinter ihren geschlossenen Lidern wieder.

Nach diesem etwas unklaren Vorspiel beginnt der zweite Teil der Geschichte, die wundersame Mär der global getrennten Liebenden: eine Doppelodyssee an den Nahstellen des 20. und 21. Jahrhunderts. Wehende Mäntel, blitzende Laserpointer, elektronische Verfolgungsjagden durch die nächtlichen Flure des Weltkonzerns. Zwei Liebende, die sich zweiundzwanzig Jahre lang nicht kriegen, obwohl sie bei derselben Firma angestellt sind. Vom Pech verfolgt, von unnütz doppelten Tischen und Betten getrennt, von unsichtbarer Hand am Kragen gepackt und der Hoffnung auf den nächsten Wurf ausgeliefert. *Near misses* und Wochenendtelefonate (später durch *flatrates* gedehnt), in letzter Sekunde gecrashte Urlaubspläne und ein pseudonymer Facebookaccount, zu dem nur sie beide Zugang haben (null Freunde). Liebesgeflüster im Äther, Sternstunden der Videotelefonie, vielleicht nicht immer jugendfrei.

Jakob ist eher schüchtern, die Jungs im Sportunterricht fanden ihn immer *clumsy*. Einige Frauen, Elvira darunter, werten denselben Tatbestand – plumper Körperbau, unsichere Bewegungen, etwas Tastendes, Tapsiges – als kuschelig oder bärenhaft.

Elvira wiederum ist der bleiche Typ, auf gespensterhafte Weise gutaussehend, je nachdem leichtes Frösteln auslösend. Attraktiver als er, und überdies auf eine norddeutsche Weise dem Fleiß zugeneigt, von der Grundschule an immer unter den ersten, fleißigsten. Strebsam oder wie man das nennt – Jakob eher gemütvoll-pflichtbewußt, ein Mann, wie er in jeder Abteilung ausgleichend wirkt.

Wegen seines ausgleichenden Wesens und seiner unbedrohlichen Ungeschicklichkeit, vermute ich mal, wirkt er anziehend auf sie (also hat sie im Grunde Angst vor Männern, aber das ist hier völlig egal). Und er? – Von so einer Frau konnte er immer nur träumen.

Zunächst sieht man sich *in natura* an den Wochenenden, wenn's paßt, was natürlich zu selten ist. Doch die Liebe wächst mit der Entfernung, und allmählich leuchten die Fenster in deiner abendlichen Straße immer wehmütiger auf. Überall ist jemand, nur bei dir nicht (und ähnliche gemütvolle Einbildungen mehr). Frankfurt – Münster ist zwar nicht die Welt, aber irgendwann findet man's ja doch beschwerlich, die Autofahrten und die ganze verlorene

Zeit, nach drei oder vier Jahren zum Beispiel. Dann kommt man schon ins Grübeln und Wünschen.

An einem dieser desperadohaften Samstagabende in seiner Frankfurter Altbauwohnung nippt Jakob vorsichtig am Wein, der ambivalent schimmert. Ein paar Kerzen brennen, der Geruch von Lachs und Salbei hängt in der Luft.

Ich will nichts von dir verlangen, was du nicht selber willst.

Elvira schüttelt den Kopf, wirft das (allerdings kurze) Haar in einer unwirschen Geste nirgendwohin.

Jakob: Ziehst du zu mir?

Wie soll das gehen?

Draußen hupt jemand. Enge Frankfurter Altbaustraßen. Der Vorhang bauscht sich einen Moment lang, als wollte er ins Gespräch eingreifen.

Ich will mit dir zusammensein.

Ich auch.

Kurz darauf greifen (erzählerischer Schwachpunkt!) die Schlagtürme des Schicksals ein: irgendwelche (absichtlich unbestimmten) höheren Etagen. Jakob wird nach München versetzt. Da scheint ihm dann, er müsse nun endlich doch mal was sagen. Und sobald er beschlossen hat, sich durchzuringen (und mit seinem Vorgesetzten zu sprechen, einem Mann mit Warzen im Gesicht und hoher Stirn), geht die ganze Chose richtig los – als hätte er einen schlafenden D-Zug-Schaffner geweckt. Der Zug setzt sich in Bewegung und ihn nie wieder dort ab, wo er eigentlich hingewollt hat. Als wären seine Vorgesetzten oder gewisse Teamleiter erst jetzt auf ihn aufmerksam geworden – Kuck mal, da hinten, da sitzt ja noch einer! –, wird Jakob alle paar Monate hin und her versetzt, nach Mannheim (das geht ja noch), nach München zurück (also bitte!), nach Dublin schließlich.

Die freitäglichen Autobahnfahrten bekommen Flügel und führen durch Wolken voller unerwünschter Sitznachbarn. Man kennt das: Man kennt sich kaum noch, wenn man vom Fluggedröhn erschöpft in einer Küche steht und des anderen »ansichtig wird«. Erinnert sich mühsam – langsam dämmert es einem wieder (wer das war, wer man ist, was man hier wollte) – und ärgert sich, daß er einen zwingt, sich in dieses andere Leben zu begeben, das viel weiter entfernt liegt als Dublin.

Händeringend kommt Jakob vor seinem Teamleiter zu stehen. Ein achselzuckender Gemeinling (Brite). Elvi probiert es mit Schweigen und Ausharren und Auf-das-Glück-Warten, was Jakob ihr telefonisch vorwirft: Sie wolle gar nicht wirklich zu ihm. Im gleichen Augenblick tut ihm der Vorwurf leid: Ihr Atem klingt bis hierher verletzt.

Er fährt mit der Beschwörung Vorgesetzter fort, die eisern auf ihrer Machtlosigkeit beharren. Nie sah er so viele wattierte Achseln zucken. Immerhin steht seit einiger Zeit jährlich mindestens ein mehr oder weniger umfassendes Revirement an, ein mehr oder weniger europaweites Bäumchen-wechsel-dich-Spiel mit Mitarbeitern, Abteilungen, »Strukturen« und so weiter – wenn man ein wenig abwartet, mit einem *bißchen* Glück ...

Am Wochenende blättern sie manchmal gemeinsam (wie es sich gegenseitig vorzeigend) in den Stellenanzeigenbeilagen großer Tageszeitungen: riesige Flächen mit noch unbekannteren Leben gefüllt.

Wir *sind* ja zusammen, sagt Elvira.

Aber wir sehen uns nie.

Ja, sagt Elvira (und denkt: Bald!).

Sie verordnet ihrem Herzen Bescheidenheit und hält die Sehnsucht mit Arbeitseifer klein. Aus Wochenenden werden gemeinsam verbrachte Feiertage. Und der gemeinsame jährliche Urlaub, hartnäckig gegen alle Firmengepflogenheiten bereits im Dezember eingereicht, was an zwei weit auseinanderliegenden Orten für böses Blut und Geflüster sorgt.

Einmal auf Fuerte geht es exemplarisch schief: Jakob kommt mit einer handfesten Grippe, und es sind nur sieben Tage, weil sie noch zu ihrer Tochter muß (Juno aus Studententagen, inzwischen fünfzehn, die hier wie ein irregeleitetes Geschoß in der Geschichte auftaucht). Da kann man sich schon mal am Riemen reißen!, meint Elvira tadelnd.

Als Jakob ihr schniefend den Rücken eincremt, stößt er auf einen hier nicht hingehörigen Pümpel. Sie herrscht ihn an, ob er sonst keine Probleme habe (wohl argwöhnisch, daß die medizinische Sorge bloß Retourkutsche sei). Er nickt und cremt verdrossen weiter.

Willst du dich nicht für die Abteilungsleitung in Dublin bewerben?

Das käme für mich jetzt viel zu früh!

Unzufrieden mit der Antwort schleudert er die Cremeflasche in den Sand (vergebens).

Sie trennen sich für ein halbes oder dreiviertel Jahr, telefonisch, per Facebook: So schön es war, so kann es mit uns nicht weitergehen! Kommen dann aber wieder zusammen, wie selbsttätig (die Liebe nicht weniger fordernd als der Weltkonzern). Plötzlich ist man wundersamerweise bei derselben Tagung – hat er das eingefädelt oder sie? – und fällt im Hotel übereinander her wie halb verdurstet.

Die Entfernung aber bleibt. The Berlin Wall war ein ephemerer Zaun dagegen. Jakob gibt zum ersten Mal an einen Vorgesetzten schriftlich um Versetzung ein. Er hat die Faxen dicke, will die Sache jetzt durchziehen und benutzt Worte, die er sein Lebtag nicht benutzt hat, »aber« und »nein« zum Beispiel. Elvira müht sich derweil in Frankfurt (auch sie inzwischen versetzt), wo sie mit ihrer gewinnenden Nüchternheit eine außerordentlich gute Figur abgibt, ohne sich mehr als unbedingt nötig anmerken zu lassen.

Dann schafft Jakob es tatsächlich. Ein Vorgesetzter (Ire) zuckt die Achseln, er packt sein Zeug in Dublin. Doch zwei Tage bevor er nach Frankfurt kommt, läßt die Asienkrise – der »kranke Tiger« – jemanden von Elviras unbeirrbarem Eifer als genau richtig gegen die steife Niedergeschlagenheit der dortigen Geschäftswelt erscheinen.

Sie sehen sich drei geschlagene und abgezählte Wochen, schlendern durch die winzigen Parks am Alleenring und versuchen sich einzureden, daß die Welt ein Dorf sei und Entfernungen heutzutage bedeutungslos (auch die Details dieser Geschichte sind bedeutungslos). Ein Schimmer von irgendeiner Laterne streift ihr Haar, verfängt sich, bleibt darauf liegen wie Goldstaub, verfliegt. Sein Atem schlägt an ihre Wange.

Es ist ein Karussell. Immer entdeckt irgend jemand eine Möglichkeit, sich einen (nicht selten illusionären) strategischen Vorteil zu verschaffen, indem er einen von ihnen nach anderswo expediert. Sie sehen die Welt, keine Frage. Oder doch die McWorthy-Büros der Welt. Abends sind die exotischsten Häuserballungen vor den Fenstern bloß dunkle Buckel aus Traurigkeit.

Falls man dergleichen glaubt, natürlich. Es überhaupt für möglich hält – die Liebe für so stark, die Firma für so schwach, daß sie ihren Mitarbeitern nicht den *kleinsten* Wunsch erfüllen kann. Ich selber glaube wie gesagt kein Wort von alldem. Ich glaube nur, daß dergleichen draußen in den Mitarbeiterköpfen herumschwirrt. Doch auch die Mitarbeiter, scheint mir, glauben nicht daran. Sie *wollen* bloß daran glauben – womöglich wegen des heroischen Liebesverzichts, den wir dann alle für die Firma zu üben scheinen.

Elvira trennt sich abermals, denn das kann ja nun wirklich nicht mehr gutgehen. Drei Jahre lang sieht und hört man nichts voneinander, findet aber auch nichts anderes, als gäbe es außer dem Verflossnen überhaupt keine schätzenswerten Menschen mehr. Bleierne Jahre. Jakob sucht einen Therapeuten auf. Vor dem Tod kommt das Leben, sagt der Therapeut. Besserwisser, denkt Jakob.

Elvira sitzt mit geübt undurchdringlichen Anzugträgern in Hongkonger Hotelbars vor dem Panorama einer nutzlos erleuchteten Stadt. Beruflich läuft es bei beiden. Elvira ist aus *MiddleEastAsia* nicht mehr wegzudenken, bricht mit ihrem aus kühler Kennziffernakribie hervorschießenden Langnasen-Optimismus das gelbe Eis der Vorstandsherzen auf. Auch für Jakob ergeben sich neue Chancen, neue Arbeitsgebiete. Der Therapeut meint, daß er Fortschritte mache.

Dreieinhalb bittere, finstere, bodenlose und abgrundschwarze asiatische Jahre. Sie in Hongkong, er inzwischen (als ob das einen Unterschied machte) in der Schweiz. Bei Tagungen und Konferenzen gehen sie sich aus dem Weg, ohne sich abgesprochen zu haben (ist es einfach Pech oder, im Gegenteil, ein Wink des Schicksals?). Wer immer früher Einsatzpläne und Gästelisten manipuliert hat, tut es jetzt nicht mehr.

Und dann landen sie doch wieder beieinander. Es ist, als hätte das Schicksal ein Einsehen, als gäbe ihnen der Weltlauf schlußendlich nach: Sie stolpern im Foyer der Zentrale in Atlanta ineinander. Stehen sich in der riesigen Lounge gegenüber, erst ungläubig, den anderen für eine Erscheinung haltend, für einen vertrackten Trick der eigenen sehnsuchtgetränkten Einbildung. Wann mußt du wieder …? – Gar nicht. – Ich auch!

Ihr Leben beginnt noch einmal neu, oder überhaupt erst. Ein Vierteljahr (eine gefühlte geflügelte Viertelstunde) später heiraten sie, kaufen ein Haus in einem Vorort von Atlanta (es ist weiß, wie viele hier, aber es kommt beiden so vor, als hätte das bei ihnen eine ganz neue, alte, keusche Bedeutung). Und zum erstenmal nach inzwischen rund vierzehn Jahren innerdeutscher, transeuropäischer und interkontinentaler Entbehrung leben sie als Paar. Küssen sich morgens nach dem Aufstehn an Wochentagen (!), treffen sich abends im Restaurant, im Kino, oder, am schönsten: zu Hause.

Und ja, auch über Kinder wird gesprochen. Obwohl es dafür ja schon fast ein wenig spät ist inzwischen.

Es fühlt sich wie ein Sieg an – nicht gerade über die Firma, das nicht, die sich ja auch nur in den Sachzwängen eines globalen Wettbewerbs zu behaupten sucht (und ihrerseits nicht in der glücklichen strategischen Lage ist, sich ihre Geschäftspartner aussuchen zu können nach dem Motto: *der* oder *die* muß es sein), sondern mehr noch über diese globalen Bedingungen selbst. Den Weltläuften ein Schnippchen geschlagen, so lange übers schräge Spielfeld gerollt, bis schließlich doch das Jackpotlämpchen aufglimmt und der Flipper in tausend schillernden Farben explodiert.

Ist es wirklich vorstellbar, daß sich alles so (oder so ähnlich) abgespielt hat? Sie hätten zu jedem Zeitpunkt mit ihrem Bereichsleiter sprechen können. Oder ihre Wünsche noch höher eskalieren. Die Firma ist nicht gegen Paarbeziehungen ihrer Mitarbeiter (sie sind nur nicht ihr genuines Interesse). Und deshalb weiß ich nicht, ob ich die ganze Geschichte glauben soll, die den etwas lächerlichen Titel tragen könnte »Königskinder, postdigital«. Obwohl ich zugeben muß, daß sie einen dunklen Zauber auf meine Einbildungskraft ausübt, dem sich zu entziehen an manchen Tagen nicht ganz einfach ist.

Sie fungiert vorderhand als stehende Warnung vor Beziehungen mit Kollegen. Doch selbst aushäusig verheiratete Mitarbeiter interessieren sich für sie, erzählen sie weiter in Aufzugskabinen (mit beredt aufblitzenden beringten Fingern) oder lauschen ihr aufmerksam in der Kaffee-Ecke auf dem Flur.

Wie gesagt: Sie scheint mir überkonstruiert. Ein modernes Märchen, eine urbane Legende. Niemand macht das: Niemand läßt sich überhaupt erst auf so eine Betriebsliebe ein. Schließlich: Wer hier arbeitet, weiß ja, wie es ist. Dennoch, gegen jede Vernunft, halte ich dergleichen nicht nur für möglich, sondern sogar für unausweichlich, für absolut unverhinderbar – für so zwingend wahrscheinlich, daß es nie Realität wird.

Und so geht es angeblich weiter: Endlich wohnen Jakob und Elvira zusammen. Gewöhnen sich erst mal wieder beziehungsweise erstmals aneinander. Zarte Berührungen vor dem Frühstück, Zehennägel in der Badewanne. Lange Ausflüge ins Umland, nach Disneyworld undsoweiter. Man kennt das bzw. jeder kann es sich selbst nach eigener Fasson ausmalen.

Ein Jahr lang sieht Jakob seine Elvira also allmorgendlich glücklich an, in Atlanta. Dann rückt ein neuer Chief Strategy Officer unerkannte Umsatzpotentiale in Südamerika in den Vorstandsfokus. Sodaß ein paar Etagen weiter unten der Einsatz der in solchen Dingen bewährten Elvira sinnvoll, ja geradezu unabdingbar erscheint. Die aktuellen Zahlen sind zwar gut, das heißt aber nicht, daß sie nicht noch besser werden können (wie in Kinderhirnen drängen Zahlen auch an Vorstandstischen immer wie von selbst nach oben).

Setzt sich also nach elf Monaten in dem atlantischen Villenvorort die altbekannte Fernbeziehung fort, kehrt zurück wie der Kehrreim im Volkslied. Diesmal erscheint es beiden schwerer, leichter – beides zugleich. Gewöhnt an alles!, sagt Jakob. Elvira nickt bärbeißig und stumm.

Das Haus wird gehalten, natürlich, und es kommt, so heißt es mal anerkennend, mal zähneknirschend, zu häufigeren Wochenenden und Urlauben als früher in europäischen Jahren. Zumal auch Juno inzwischen aus dem Allergröbsten raus ist und nach dem Studium bei derselben Firma angefangen hat (so weit reichen mütterliche Einflüsse selbst in Weltkonzernen noch).

Man sieht sich, doch die meiste Zeit vermißt man sich. Wenn Elvira das Haus in Atlanta von Rio oder Brasilia kommend betritt, erscheint es ihr manchmal wie ein Museum, in dem zwei, zu denen sie nicht gehört, einst ein glückliches Leben geführt haben müssen. Unter der Woche geht Jakob bowlen.

Und Sonntag abends fliegt Elvira wieder davon. Er bringt sie zum Flughafen, über den ein heißer Wüstenwind weht. Bei den Sitzungen und Meetings hat sie manchmal Schmerzen, aber daran denkt sie, wenn sie dort ist, und erwähnt es in Atlanta nicht (genausowenig wie die Träume, in denen ihr Jakob wieder als nächtlicher Schalk erschien). Schon sind wieder fast fünf Jahre ins Land (aber welches?) gegangen – der Mensch gewöhnt sich an alles, was ihn nicht sofort zum Handeln zwingt –, als die Schmerzen unerträglich werden und sie aus einem Meeting fortläuft. Das Krankenhaus in Sao Paulo ist sich nicht sicher. Die Firma zahlt den Rücktransport.

Du schaffst das, flüstert Jakob ihr in einem Zimmer mit Blumenvase zu (eine mit besonderer Perfidie aus dem Fundus globaler Kitschfetzen übernommene Szene). Sein Atem streift ihr Ohr, er hält ihre Hand gedrückt über dem weißen Laken, die kleinen Ballen an den Fingern fühlen sich aufgebläht und weich an. Er denkt zurück an die langen Zeiten der Trennung, er denkt auch an die Kriegsgefangenschaft seines Großvaters in Rußland, wird aber durch ein Seufzen Elviras abgelenkt, bevor er den Vergleich zu Ende führen kann.

Und Elvira schafft es auch nicht. Es ist ein Sterbezimmer, in dem sie liegt. Die Klinik hat es schon gewußt. Ein heimtückischer Feind aus dem Hintergrund erweist sich als noch fähiger und mächtiger und fieser, als es je eine Konzernleitung war (oder dient hier als mors ex machina zur Abrundung der fragwürdigen »Moral« dieser Legende).

Mit Mitte fünfzig stirbt Elvira. Jakob sucht und bucht

ihr ein schönes Grab auf dem Oakland Cemetery – »less than a mile from the heart of downtown Atlanta, a hidden treasure, a secret sanctuary, a garden cemetery, founded in 1850, the final resting place of many of Atlanta's most noted citizens like Bobby Jones, Margaret Mitchell, and Maynard Jackson, and also a showplace of sculpture and architecture, and a botanical preserve with ancient oaks and magnolias«, wie man im Netz erhebend nachlesen kann.

Ist das Besondere an dieser Geschichte nicht, daß sie einander so lange die Treue halten? Das Zerreißen von Beziehungen durch Geschäftsprozesse sind wir doch gewohnt. Liegt der Grusel- und Lerneffekt der Mär nicht also eher darin, daß Jakob und Elvira nicht loslassen wollen, einander umkrampft halten wie Quasimodo und Esmeralda? Eine Liebe, die erst im Grab zu sich kommt (im 21. Jahrhundert)? Muß man sich nicht den Gegebenheiten anpassen – und also loslassen?

Ich frage das nur, ganz ruhig an meinem Schreibtisch im siebten Stockwerk sitzend, während die Geschichte unten bei meinen Mitarbeitern für Unruhe sorgt (leise, verschwiegene, insgeheime Unruhe), für bedenkenvolle Gesichter. Was glauben die denn, worauf sie hinauswollen? Man muß auch (irgendwann) einmal eine Einsicht haben, daß das Leben kein Zirkuspferd ist (das sich mühelos und glitzernd über jedes Hindernis hinwegsetzt), kein Kinderspiel, kein Zuckerschlecken. Es geht nicht immer nach *deiner* Nase! Ich sage das mit Blick auf die Geschäftsvorfälle und Marktgegebenheiten, die mir hier das Leben schwer machen, die *mich* an *meinem* Schreibtisch umstellen. Auch nicht ganz einfach, das kann man mir glauben! Ich kann ja auch nicht immer so, wie ich vielleicht gerade möchte. Oder: Ich kann ja auch nicht immer (nie) so, wie ich vielleicht (ganz bestimmt nicht) möchte.

Und jeden Sonntag sitzt Jakob jetzt an Elviras Grab, und in jedem Jahr einmal mit Juno zusammen, die inzwischen Familie hat und von weit her angereist kommt. Und wenn er nicht versetzt worden ist, sage ich mit einem gegen nichts und alles gerichteten Zorn in der Stimme, dann sitzt er dort noch immer.

Deutschsprachige Gegenwartsliteratur in der edition suhrkamp
Eine Auswahl

Marica Bodrožić. Sterne erben, Sterne färben. Meine Ankunft in Wörtern. es 2506. 154 Seiten

Paul Brodowsky. Milch Holz Katzen. es 2267. 72 Seiten

Bernd Cailloux
- Das Geschäftsjahr 1968/69. es 2408. 254 Seiten
- Der gelernte Berliner. Sieben neue Lektionen. es 2563. 251 Seiten
- german writing. es 2481. 141 Seiten

Ann Cotten. Fremdwörterbuchsonette. Gedichte. es 2497. 165 Seiten

Dietmar Dath. Heute keine Konferenz. es 2501. 318 Seiten

Oswald Egger
- Nichts, das ist. Gedichte. es 2269. 160 Seiten
- Prosa, Proserpina, Prosa. es 2392. 192 Seiten

Werner Fritsch
- Die Alchemie der Utopie. Frankfurter Poetikvorlesungen 2009. es 2588. 190 Seiten
- Fleischwolf. Gefecht. es 1650. 112 Seiten
- Steinbruch. es 1554. 53 Seiten

Durs Grünbein
- Grauzone morgens. Gedichte. es 1507. 93 Seiten
  Warum schriftlos leben? Aufsätze. es 2435. 122 Seiten

Katharina Hacker
- Morpheus oder Der Schnabelschuh. es 2092. 126 Seiten
- Tel Aviv. Eine Stadterzählung. es 2008. 145 Seiten

Iris Hanika. Musik für Flughäfen. es 2404. 123 Seiten

Johannes Jansen
- Halbschlaf. Tag Nacht Gedanken. es 2380. 84 Seiten
- Im Durchgang. Absichten. es 2568. 70 Seiten

Thomas Kapielski
- Mischwald. es 2597. 347 Seiten
- Neue Sezessionistische Heizkörperverkleidungen. es 2680. 214 Seiten
- Je dickens, destojewski! Ein Volumenroman. es 2694. 458 Seiten

Barbara Köhler
- Deutsches Roulette. Gedichte 1984-1989. es 1642. 85 Seiten
- Wittgensteins Nichte. Vermischte Schriften / Mixed Media. es 2153. 175 Seiten

Detlef Kuhlbrodt. Morgens leicht, später laut. Singles. es 2517. 124 Seiten

Christian Lehnert
- Der Augen Aufgang. Gedichte. es 2101. 112 Seiten
- Ich werde sehen, schweigen, hören. es 2369. 112 Seiten

Andreas Maier. Ich. es 2492. 151 Seiten

Thomas Meinecke
- Feldforschung. es 2474. 143 Seiten
- The Church of John F. Kennedy. Roman. es 1997. 245 Seiten
- Lob der Kybernetik. es 2499. 160 Seiten

Bodo Morshäuser
- Hauptsache Deutsch. es 1626. 205 Seiten
- Warten auf den Führer. es 1879. 142 Seiten

José F. A. Oliver
- finnischer wintervorrat. Gedichte. es 2397. 101 Seiten
- Mein andalusisches Schwarzwalddorf. Essays. es 2487. 136 Seiten.
- nachtrandspuren. Gedichte. es 2307. 128 Seiten

Albert Ostermaier
- fremdkörper hautnah. Gedichte. es 2032. 100 Seiten
- Herz Vers Sagen. Gedichte. es 1950. 73 Seiten
- Der Torwart ist immer dort, wo es weh tut. es 2469. 114 Seiten
- VATERSPRACHE. es 2436. 60 Seiten

Ilma Rakusa. Love after Love. Acht Gesänge. es 2251. 54 Seiten

Thomas Rosenlöcher
- Die Wiederentdeckung des Gehens beim Wandern. Harzreise. es 1685. 96 Seiten
- Die verkauften Pflastersteine. es 1635. 113 Seiten

Schicht! Arbeitsreportagen für die Endzeit. Herausgegeben von Johannes Ullmaier. es 2508. 417 Seiten

Lutz Seiler
- pech & blende. Gedichte. es 2161. 90 Seiten
- Sonntags dachte ich an Gott. Aufsätze. es 2314. 140 Seiten

Uwe Tellkamp. Die Sandwirtschaft. Anmerkungen zu Schrift und Zeit. Leipziger Poetikvorlesung. Sonderdruck es.163 Seiten

Hans-Ulrich Treichel
- Liebe Not. Gedichte. es 1373. 79 Seiten
- Über die Schrift hinaus. Essays zur Literatur.
  es 2144. 241 Seiten

Kevin Vennemann. Nahe Jedenew. es 2450. 144 Seiten